WELT DER ZAHL 1

Lernerfolgskontrollen und Diagnosetests

W0472638

Herausgegeben von
Prof. Dr. Hans-Dieter Rinkens
Dr. Thomas Rottmann
Gerhild Träger

Erarbeitet von
Steffen Dingemans, Jörg Franks, Claudia Neuburg, Kerstin Peiker,
Prof. Dr. Andrea Peter-Koop, Prof. Dr. Hans-Dieter Rinkens,
Dr. Thomas Rottmann, Michaela Schmitz, Gerhild Träger

Liebe Lehrerinnen und Lehrer,

dieses Heft enthält 20 Diagnosetests und 4 Lernerfolgskontrollen in einer Version zum direkten Einsatz im Unterricht mit einem Hinweis, nach welcher Schulbuchseite sich der Einsatz der Tests bzw. Lernerfolgskontrollen empfiehlt. Eine Parallelversion finden Sie in den Lehrermaterialien (ISBN 978-3-507-04821-8).
Während die Diagnosetests der Überprüfung von Basiskompetenzen dienen, enthalten die Lernerfolgskontrollen Aufgaben aus allen drei Anforderungsbereichen laut Bildungsstandards. Hierzu werden eine Vielzahl von Bausteinen in zwei Versionen angeboten, mit denen Sie die Lernerfolgskontrollen individuell anpassen können.
Mit den Digitalen Lehrermaterialien + E-Book (ISBN 978-3-507-04805-8) können Sie die Anpassung auch schnell und einfach digital vornehmen, da hier beide Versionen der Lernerfolgskontrollen sowie die Bausteine in editierbarer Form enthalten sind.
Die Bearbeitung erfordert keine weiterführenden Programmkenntnisse. Tipps für das Editieren von Worddateien finden Sie direkt auf der DVD.
Die Lösungen zu allen Diagnosetests, Lernerfolgskontrollen und Bausteinen sind ebenfalls auf der DVD enthalten oder können alternativ kostenfrei aus dem Internet unter www.grundschulklick.de heruntergeladen werden; geben Sie dazu „04825“ in die Suche ein.

Eine leichte und erfolgreiche Unterrichtsvorbereitung wünscht

Ihr WELT DER ZAHL-Team

Schroedel

WELT DER ZAHL 1

Lernerfolgskontrollen und Diagnosetests

Herausgegeben von
Prof Dr. Hans-Dieter Rinkens, Dr. Thomas Rottmann, Gerhild Träger

Erarbeitet von
Steffen Dingemans, Jörg Franks, Claudia Neuburg, Kerstin Peiker,
Prof. Dr. Andrea Peter-Koop, Prof. Dr. Hans-Dieter Rinkens,
Dr. Thomas, Rottmann, Michaela Schmitz, Gerhild Träger

© 2015 Bildungshaus Schulbuchverlage
Westermann Schroedel Diesterweg Schöningh Winklers GmbH, Braunschweig
www.schroedel.de

Das Werk und seine Teile sind urheberrechtlich geschützt. Jede Nutzung in anderen als den gesetzlich zugelassenen Fällen bedarf der vorherigen schriftlichen Einwilligung des Verlages. Hinweis zu § 52a UrhG: Weder das Werk noch seine Teile dürfen ohne Einwilligung gescannt und in ein Netzwerk gestellt werden. Dies gilt auch für Intranets von Schulen und sonstigen Bildungseinrichtungen.

In Abweichung hiervon räumt der Verlag ausschließlich für die als Kopiervorlagen gekennzeichneten Seiten ein Vervielfältigungsrecht durch Fotokopie und Thermokopie ein, und zwar ausdrücklich nur für den jeweiligen Unterrichtsgebrauch.

Für Verweise (Links) auf Internetadressen gilt folgender Haftungshinweis: Trotz sorgfältiger inhaltlicher Kontrolle wird die Haftung für die Inhalte der externen Seiten ausgeschlossen. Für den Inhalt dieser externen Seiten sind ausschließlich deren Betreiber verantwortlich. Sollten Sie daher auf kostenpflichtige, illegale oder anstößige Inhalte treffen, so bedauern wir dies ausdrücklich und bitten Sie, uns umgehend per E-Mail davon in Kenntnis zu setzen, damit beim Nachdruck der Verweis gelöscht wird.

Druck A[1] / Jahr 2015
Alle Drucke der Serie A sind im Unterricht parallel verwendbar.

Illustriert von: Matthias Berghahn, Raimo Bergt, Birgit Busche-Brandt, Gisela Fuhrmann
Redaktion: Dr. Kirsten Heckmann
Umschlaggestaltung: annette forsch konzeption & design, Berlin
Layout und Satz: Satz & mehr, Bad Nenndorf
Druck und Bindung: westermann druck GmbH, Braunschweig

ISBN 978-3-507-**04825**-6

Inhaltsverzeichnis

Teil 1: Diagnosetests

Teil 2: Lernerfolgskontrollen

Inhaltsverzeichnis

© Bildungshaus Schulbuchverlage

1. Diagnose und Förderung im Mathematikunterricht

1.1 Schuljahresbegleitende Diagnose

Regelmäßige Überprüfungen des individuellen Lernstands sind notwendig, um die Kinder jederzeit gezielt zu fordern und zu fördern und ihnen ein auf die individuellen Kompetenzen zugeschnittenes Materialangebot zur Verfügung zu stellen. Eine gute Diagnose hilft, Auffälligkeiten herauszufinden und frühzeitig gezielte Hilfen zu geben.

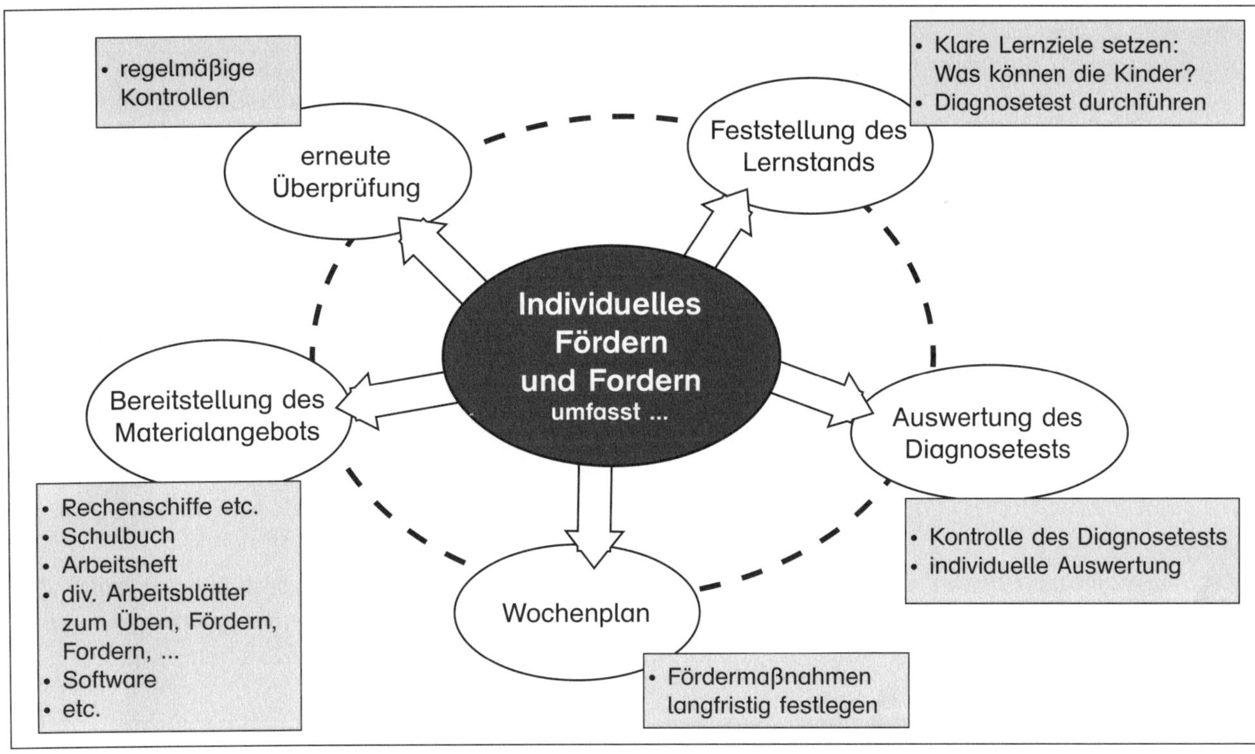

Eine Überprüfung des Lernstands setzt einen Überblick über die angestrebten mathematischen Kompetenzen voraus. Gerade für die gezielte Förderung leistungsschwächerer Kinder empfiehlt es sich dabei, Schwerpunkte in solchen Bereichen zu setzen, die für ein erfolgreiches Weiterlernen in den nachfolgenden Schuljahren von besonderer Bedeutung sind.

1.2 Schwerpunkte einer gezielten Förderung

Durch eine gezielte Förderung kann es im Mathematikunterricht gelingen, die Entstehung einer Rechenstörung zu verhindern. Dazu ist es notwendig, dass Lehrerinnen und Lehrer zentrale „Klippen" im Lernprozess im Blick haben und ihren Kindern bereits frühzeitig Hilfestellungen an die Hand geben, um diese Klippen sicher zu umschiffen.
Im Arithmetikunterricht des 1. und 2. Schuljahres gibt es eine wesentliche Problemstelle, nämlich das *verfestigte zählende Rechnen* (vgl. Schipper 2005a / 2009). Während zählendes Rechnen zu Beginn des 1. Schuljahres völlig normal ist und für die meisten Kinder zu diesem Zeitpunkt die einzige Möglichkeit darstellt, Rechenaufgaben zu lösen, führt dieses Verfahren am Ende des ersten Schuljahres, spätestens aber zu Beginn des 2. Schuljahres in eine Sackgasse. Aufgaben wie 82 – 36 oder 28 + 64 können nicht mehr sinnvoll zählend bewältigt werden; zahlreiche Fehler und eine lange Bearbeitungszeit sind dann vorprogrammiert.
Das wesentliche Ziel einer Förderung besteht darin, Kinder bei der Entwicklung ausbaufähiger Rechenstrategien zu unterstützen. Zu solchen Strategien zählen z. B. das Verdoppeln / Halbieren (8 + 7 wird gelöst über 7 + 7 + 1), ganz besonders aber das schrittweise Rechnen „**Erst** bis zur 10, **dann** weiter" (8 + 7 wird gelöst über 8 + 2 = 10 und 10 + 5 = 15). Gerade diese letztgenannte Strategie hat mindestens zwei entscheidende Vorteile. Zum einen funktioniert diese Vorgehensweise generell bei jeder Aufgabe mit Zehnerüberschreitung und ist daher *universell* einsetzbar – die Aufgabe 3 + 8 z. B. kann kaum sinnvoll über das Verdoppeln gelöst werden. Zum anderen betont das schrittweise Rechnen mit der Strategie

„Erst ..., dann ...“ die besondere Rolle der Zahl 10 im Dezimalsystem und ist aus diesem Grund *ausbaufähig*, da sie auch in einem größeren Zahlenraum in vergleichbarer Art und Weise einsetzbar ist (Beispiele: 340 + 80, „Erst plus 60, dann plus 20“; 340 + 520, „Erst plus 500, dann plus 20“). Minimalziel des Mathematikunterrichts des 1. Schuljahres sollte es daher sein, dass alle Kinder diese Strategie sicher beherrschen und anwenden können.[1]
Die nachfolgenden vier Förderschwerpunkte zielen darauf, frühzeitig ausbaufähige, nicht-zählende Rechenstrategien zu entwickeln.

- **Ablösung vom Zählen**
  Ein einfaches Verbot, die Finger zählend zum Rechnen zu nutzen, ist weder hilfreich noch Erfolg versprechend. Kinder zeigen sich sehr kreativ darin, solche Verbote zu umgehen. Statt offen die Finger zu nutzen, werden diese unter dem Tisch oder hinter dem Rücken versteckt. Statt Fingern werden Stifte, Deckenplatten, Zehen o. ä. gezählt. Der Effekt solcher Maßnahmen ist weniger ein Ablösen vom zählenden Rechnen als vielmehr eine Stabilisierung der Zählverfahren und eine Zunahme von Zählfehlern.
  Wichtig ist, dass die Kinder stattdessen frühzeitig *nicht-zählende Verfahren* bereits bei der Anzahlbestimmung kennenlernen und einüben. Dazu gehören Übungen, bei denen Anzahlen „auf einen Blick“ erkannt werden müssen (vgl. Materialsammlung „Fördern“ [2], Karten Nr. 21 und 22). Dabei wird u. a. die Fünfer- und Zehnerstruktur der Rechenschiffe genutzt. Ebenfalls der Ablösung vom Zählen an den Fingern dienen Übungen zur Zahlzerlegung an den Händen sowie zur Ergänzung bis 10 an den Rechenschiffen (vgl. Karten Nr. 26 und 27). Dabei werden Anzahlen ebenfalls „auf einen Blick“ erkannt. Zusätzlich stellen diese Übungen eine wichtige Grundlage für das schrittweise Rechnen dar.[3]

- **Operationsverständnis**
  Rechenschwache Kinder haben nicht selten äußerst einseitige Zahl- und Operationsvorstellungen (vgl. Schipper 2005b). Statt ein inhaltliches Verständnis für Zahlen und Rechenoperationen zu entwickeln, versuchen diese Kinder, die richtige Regel zu finden, nach der diese geheimnisvollen Zeichen miteinander verknüpft werden müssen.
  Im Mathematikunterricht des 1. Schuljahres ist es daher von grundlegender Bedeutung, dass die Kinder sichere Vorstellungen zu den Rechenoperationen Addition und Subtraktion aufbauen und erlernen, in welchen Sachsituationen welche Rechenoperation Anwendung findet. Dies kann frühzeitig gefördert werden, indem die Kinder zu Bildsituationen korrekte Rechnungen finden bzw. Rechenaufgaben durch geeignete Handlungen an einem Arbeitsmittel darstellen sollen (vgl. Karten Nr. 35 bis 37).

- **Sinnvoller Umgang mit Arbeitsmitteln**
  Handlungen mit Arbeitsmitteln sollen die Kinder dabei unterstützen, nicht-zählende Rechenstrategien zu entwickeln. Die Entwicklung dieser Rechenstrategien geschieht aber nicht automatisch, indem die Kinder einfach mit einem Arbeitsmittel hantieren. So kann ein Arbeitsmittel wie die Rechenschiffe von den Kindern schlicht als Zählhilfe genutzt werden. Damit tatsächlich nicht-zählende Verfahren geübt werden, ist ein *sinnvoller* Umgang mit dem Arbeitsmittel unerlässlich.
  Die Rechenschiffe unterstützen vor allem Übungen, bei denen die Fünfer- und Zehnerstruktur erarbeitet und genutzt wird, z. B. beim quasi-simultanen Erfassen größerer Anzahlen. Des Weiteren müssen Materialhandlungen eingeübt werden, die strukturell mit den angestrebten Rechenstrategien übereinstimmen. Zur Erarbeitung der Strategie des schrittweisen Rechnens ist es z. B. notwendig, dass die Rechenschiffe zunächst bei der Addition bis 10 aufgefüllt bzw. bei der Subtraktion Plättchen bis 10 weggenommen werden. In anderen Übungen können die Kinder auf der Ebene der Materialhandlungen wichtige Einsichten in Zahlbeziehungen und Rechengesetze gewinnen, z. B. bei Tausch-, Umkehr- und Analogieaufgaben.

© Bildungshaus Schulbuchverlage

1 Dies soll keineswegs bedeuten, dass andere Strategien nicht zugelassen und behandelt werden sollten. Eine ausschließliche Festlegung auf diese eine Rechenstrategie wäre sicherlich eine übermäßige Gängelung gerade auch der Kinder, die sinnvolle eigene Strategien entwickeln und nutzen. Für Kinder, die jedoch gravierende Schwierigkeiten bei der Anwendung nicht-zählender Rechenstrategien zeigen, ist ein gezieltes Einüben der Strategie des schrittweisen Rechnens aber eine große Hilfestellung.
2 Materialsammlung Fördern 1 – ISBN 978-3-507-04521-7
3 Ein ausführlicher Beitrag von Prof. Dr. A. Peter-Koop und Dr. T. Rottmann zu „Zahlzerlegungen und Teil- Ganzes- Beziehungen“ sowie deren Bedeutung für die Entwicklung von Rechenstrategien steht kostenfrei auf der Internetseite „ThemenWelt der Zahl“ als Download zur Verfügung (http://www.grundschulklick.de/wissen/ThemenWelt-der-Zahl).

- **Ablösung von der Materialhandlung**
  Leider gelingt es Kindern mit besonderen Schwierigkeiten beim Mathematiklernen häufig nicht von selbst, geeignete Kopfrechenstrategien auf der Grundlage der Materialhandlungen zu entwickeln. Eine Lösung gelingt solange, wie sie mit konkretem Material arbeiten können; sobald dieses nicht zur Verfügung steht, fallen diese Kinder oftmals auf zählende Rechenstrategien zurück. Die Verinnerlichung der Materialhandlungen gelingt ihnen nicht.
  Von immenser Bedeutung für die Entwicklung materialunabhängiger Kopfrechenstrategien erweisen sich für diese Kinder gezielte Übungen zur Ablösung von der Materialhandlung (vgl. Schipper 2005a/b). Die Kinder sollen dabei lernen, sich die zur Lösung einer Rechenaufgabe notwendigen Materialhandlungen rein mental vorzustellen, ohne diese jedoch (vollständig) auszuführen. Geeignete Übungen bestehen z. B. darin, das Legen einzelner Plättchen in die Rechenschiffe durch eine Darstellung mit Stiften am Rechenstreifen zu ersetzen. Dabei lernen die Kinder, dass sie durch das Legen von Stiften darstellen können, wie viele Plättchen gelegt werden müssten; ein konkretes Legen einzelner Plättchen (welches nicht selten mit einem Zählen der Plättchen verbunden ist) unterbleibt jedoch.

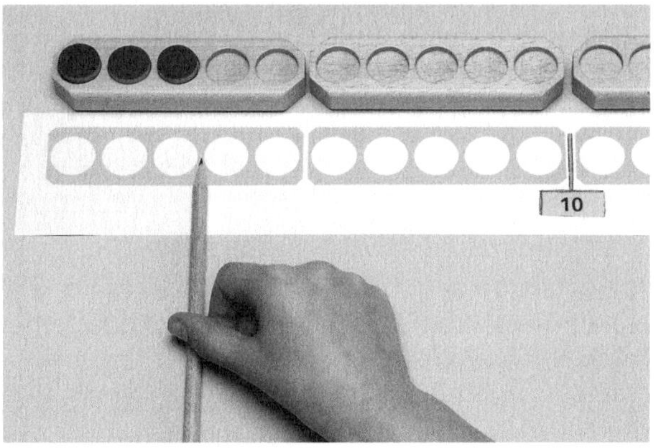

Weitere wichtige Übungen unterstützen gezielt die Entwicklung mentaler Vorstellungsbilder, indem sich die Kinder Darstellungen mit den Händen (bei den Zahlzerlegungen; vgl. Karte Nr. 27) bzw. an den Rechenschiffen vorstellen müssen, ohne das Material dabei sehen zu können. Vor allem das Diktieren der notwendigen Materialhandlung für den Partner unterstützt die Ablösung von der Materialhandlung (vgl. Wartha & Schulz 2012, speziell das dort beschriebene Vier-Phasen-Modell, s. S. 63).

Literatur:

Peter-Koop, A. & Rottmann, T. (2014): Zahlzerlegungen und Teil-Ganzes-Beziehungen (http://www.grundschulklick.de/wissen/ThemenWelt-der-Zahl)

Schipper, W. (2005a): Schulische Prävention und Intervention bei Rechenstörungen. GSZ 182, S. 6-10.

Schipper, W. (2005b): Rechenstörungen als schulische Herausforderung. Basispapier zum Modul G 4: Lernschwierigkeiten erkennen – verständnisvolles Lernen fördern. SINUS-Transfer Grundschule – Mathematik. Kiel: IPN. (Download unter: www.sinus-grundschule.de)

Schipper, W. (2009): Handbuch für den Mathematikunterricht an Grundschulen. Neubearbeitung. Braunschweig: Bildungshaus Schulbuchverlage.

Wartha, S. & Schulz, A. (2012). Rechenproblemen vorbeugen. Grundvorstellungen aufbauen: Zahlen und Rechnen bis 100. Berlin: Cornelsen.

2. Allgemeine Hinweise zu den Diagnosetests

2.1 Diagnosetests mit Auswertung

Um Auffälligkeiten frühzeitig zu erkennen, bietet WELT DER ZAHL Diagnosetests zu den Basiskompetenzen an. Anders als die Lernerfolgskontrollen (s. hierzu S. 55), die am Ende von Lerneinheiten stehen, sind darin also im Wesentlichen Aufgaben aus dem Anforderungsbereich I enthalten.
Die Tests werden mit einer differenzierten Auswertung angeboten, die eine gezielte Förderung leicht macht. Für den Fall, dass ein Kind eine inhaltsbezogene Kompetenz offensichtlich noch nicht erreicht hat, werden Hinweise auf Fördermaßnahmen und Fördermaterialien aus der Lernumgebung von WELT DER ZAHL gegeben. Schwerpunktmäßig wird dabei auf die Materialsammlung Fördern, die Inklusionsmaterialien, die Kopiervorlagen sowie die Lernsoftware hingewiesen. Ergänzend finden sich an einigen Stellen ebenfalls Hinweise auf die Materialsammlungen Geometrie sowie Sachrechnen und Größen. Weitergehende Fragen zur genaueren Beobachtung sollen dabei helfen, zusätzlich die Lösungsprozesse der Kinder in den Blick zu nehmen.
In diesen Materialien sind 20 Diagnosetests in einer Version als Kopiervorlage enthalten. Eine Parallelversion hierzu wird in den Lehrermaterialien (ISBN 978-3-507-04821-8) angeboten. Die Lösungen können kostenfrei aus dem Internet unter www.grundschulklick.de heruntergeladen werden; geben Sie dazu „04825" in die Suche ein.
Das Komplettpaket – d. h. beide Versionen der Diagnosetests einschließlich der Lösungen – befindet sich auf der DVD Digitale Lehrermaterialien + E-Book (ISBN 978-507-04805-8).

2.2 Übersichtsbögen

Es ist nicht leicht, bei einer ganzen Klasse den Überblick zu behalten: Welches Kind hat welche Inhalte schon gut verinnerlicht? Wer braucht noch Hilfe? Mit wem müssen Inhalte wiederholt oder aufgearbeitet werden?
Um allen Kindern trotzdem gerecht werden zu können, bietet es sich an, schriftliche Notizen zu machen. Um allerdings ausreichend Zeit für eine gute Unterrichtsvorbereitung und andere Lehreraufgaben zu behalten, sollte dies mit möglichst geringem Aufwand und trotzdem effektiv geschehen. Eine Tabellenform bietet sich hier an. Die Lehrkraft kann schnell und gut ablesbar den Lernstand ihrer Kinder im Auge behalten. Angeboten werden in diesen Materialien ein Übersichtsbogen für die Klasse und einer für das einzelne Kind. Die Lehrkraft trägt ein „+" ein, wenn sie weiß, dass ein Kind eine inhaltsbezogene Kompetenz beherrscht. Ein „–" zeigt, es sind noch Defizite in diesem Bereich aufzuarbeiten. Felder ohne Zeichen wurden noch nicht bearbeitet oder die Lehrkraft hat noch keine eindeutigen Beobachtungen machen können. Natürlich können eigene Zeichen zur weiteren Differenzierung verwendet werden.
Diese Übersichtsbögen können gleichzeitig Grundlage für das Gespräch mit den Eltern und für verbale Beurteilungen sein, da die Formulierungen übernommen werden können.

© Bildungshaus Schulbuchverlage

Materialhinweise:
Materialsammlung Fördern 1 – ISBN 978-3-507-04521-7
(bestehend u. A. aus Karteikarten 1 – ISBN 978-3-507-04515-6 und Arbeitsheft 1 – ISBN 978-3-507-04511-8)
Materialsammlung Geometrie 1/2 – ISBN 978-3-507-04501-9
(bestehend u. A. aus Karteikarten 1/2 – ISBN 978-3-507-04505-7 und Arbeitsheft 1/2 – ISBN 978-3-507-04502-6)
Materialsammlung Sachrechnen und Größen 1 – ISBN 978-3-507-04481-4
(bestehend u. A. aus Karteikarten 1 – ISBN 978-3-507-04475-3 und Arbeitsheft 1 – ISBN 978-3-507-04471-5)
Kopiervorlagen 1 – ISBN 978-3-507-04931-4
Lernsoftware 1 (Download Windows) – WEB-507-04781
Inklusionsmaterialen Paket A – ISBN 978-3-507-04731-0
Inklusionsmaterialen Paket B – ISBN 978-3-507-04732-7
Lehrermaterialien – ISBN 978-3-507-04821-8
DVD Digitale Lehrermaterialien + E-Book – ISBN 978-507-04805-8
Poster 1/2 – ISBN 978-3-507-04849-2
Zerlegungskarten – ISBN 978-3-507-04749-5
Zahlenkartenspiel – ISBN 978-3-507-04489-0

Übersichtsbogen (Klasse)

														Name	
														D1: Wahrnehmung / Lagebeziehungen erkennen	Fähigkeiten und Fertigkeiten Jahrgangsstufe 1 Feststellung des Lernstands
														D2: Anzahlen bis 10 erfassen / Ziffern schreiben	
														D3: Plus-Geschichten	
														D4: Bis 10 addieren	
														D5: Minus-Geschichten	
														D6: Bis 10 subtrahieren	
														D7: Verwandte Aufgaben	
														D8: Ebene Figuren	
														D9: Zahlen bis 20	
														D10: Rechnen mit 10	

Übersichtsbogen (Klasse)

Fähigkeiten und Fertigkeiten Jahrgangsstufe 1 Feststellung des Lernstands	Name															
	D11: Kleiner, größer, gleich verwenden / Ordnungszahlen															
	D12: Geld															
	D13: Spiegeln und verdoppeln															
	D14: Bis 20 addieren															
	D15: Addieren über die 10															
	D16: Bis 20 subtrahieren															
	D17: Körper															
	D18: Sachrechnen															
	D19: Bis 20 flexibel rechnen															
	D20: Kalender / Uhr															

© Bildungshaus Schulbuchverlage

Fähigkeiten und Fertigkeiten Jahrgangsstufe 1

Feststellung des Lernstands

Name: ______________________________

Diagnosetest	Kompetenzen	Datum	Lernstand
D1: Wahrnehmung / Lagebeziehung erkennen	Aufg. 1 – 2: Lagebeziehungen: Begriffe rechts und links unterscheiden		
	Aufg. 3: Figur-Grund-Diskriminierung. Begriffe Kreis, Dreieck und Viereck unterscheiden		
D2: Anzahlen bis 10 erfassen / Ziffern schreiben	Aufg. 1 – 3: Anzahlen bis 10 erfassen, Zahlen formklar und bewegungsrichtig schreiben		
	Aufg. 2: Darstellung von Zahlen in Rechenschiffen erfassen		
	Aufg. 4 – 5: Sich in der Zahlenreihe bis 10 orientieren, vorwärts und rückwärts zählen		
D3: Plus-Geschichten	Aufg. 1 – 2: Bildlich dargestellte Additionsaufgaben lösen		
	Aufg. 3 – 4: Zerlegungen erkennen, passende Additionsaufgaben schreiben		
D4: Bis 10 addieren	Aufg. 1 – 2: Am Material dargestellte Additionsaufgaben lösen		
	Aufg. 3 – 4: Additionsaufgaben auf der symbolischen Ebene lösen		
	Aufg. 4: Aufgabenfolgen erkennen und fortsetzen		
	Aufg. 5: Zahlen zerlegen		
D5: Minus-Geschichten	Aufg. 1 – 3: Bildlich dargestellte Subtraktionsaufgaben lösen		
	Aufg. 4: Mit Rechenschiffen dargestellte Subtraktionsaufgaben lösen		
D6: Bis 10 subtrahieren	Aufg. 1: Am Material dargestellte Subtraktionsaufgaben lösen		
	Aufg. 2: Subtraktionsaufgaben auf der symbolischen Ebene lösen		
	Aufg. 3 – 4: Aufgabenfolgen (auch im Minus-Segel) erkennen und fortsetzen		
D7: Verwandte Aufgaben	Aufg. 1 – 3: Umkehraufgaben bilden		
	Aufg. 4: Verwandte Aufgaben (Aufgabenfamilien aus drei Zahlen) bilden		
	Aufg. 5: Umkehraufgaben lösen		
D8: Ebene Figuren	Aufg. 1 – 2: Vorgegebene Figuren auslegen		
D9: Zahlen bis 20	Aufg. 1 – 2: Anzahlen bis 20 erfassen, Zahldarstellungen deuten		
	Aufg. 3 – 4: Vorgänger und Nachfolger benennen		
	Aufg. 5: Sich in einer lückenhaften Zahlenreihe orientieren		
D10: Rechnen mit 10	Aufg. 1 – 3: Zahlen zur 10 addieren, mit dem Rechenstreifen und auf symbolischer Ebene		
	Aufg. 4 – 5: Zur 10 subtrahieren / von Zahlen 10 subtrahieren		

Übersichtsbogen (Kind)

Name: ______________________________

Diagnosetest	Kompetenzen	Datum	Lernstand
D11: Kleiner, größer, gleich verwenden/ Ordnungszahlen	Aufg. 1 – 2: Kleiner-, Größer-, Gleich-Beziehung bei Mengen erkennen und Symbole <, >, = zuordnen		
	Aufg. 3: Zahlen bis 20 vergleichen		
	Aufg. 4: Ordnungszahlen zur Beschreibung einer Reihenfolge verwenden		
D12: Geld	Aufg. 1: Münzen und Geldscheine kennen, Geldbeträge legen		
	Aufg. 2: Preise berechnen		
	Aufg. 3: Preis und Rückgeld berechnen		
D13: Spiegeln und verdoppeln	Aufg. 1: Spiegelbilder erkennen		
	Aufg. 2: Verdoppeln mit Rechenschiffen		
	Aufg. 3: Verdopplungsaufgaben auf symbolischer Ebene lösen		
	Aufg. 4: Aufgabe und Umkehraufgabe bei Verdopplungsaufgaben bilden		
D14: Bis 20 addieren	Aufg. 1 – 2: Analogie zwischen dem ersten und zweiten Zehner nutzen		
	Aufg. 3: Additionsaufgaben bis 10 lösen (Wdh)		
	Aufg. 4 – 5: Zahl 10 zerlegen / Ergänzen		
	Aufg. 6: Zahlenmauern bis 20 lösen		
D15: Addieren über die 10	Aufg. 1 – 3: Additionsaufgaben mit Überschreiten lösen		
	Aufg. 4: Zahlenmauern mit Überschreiten lösen		
	Aufg. 5: Sechser-Pack lösen		
D16: Bis 20 subtrahieren	Aufg. 1: Analogie zwischen dem ersten und zweiten Zehner nutzen		
	Aufg. 2 – 4: Subtraktionsaufgaben mit Überschreiten lösen		
	Aufg. 5: Aufgaben im Minus-Segel lösen und Aufgabenfolgen fortsetzen		
	Aufg. 6: Minus-Trauben mit Überschreiten lösen		
D17: Körper	Aufg. 1: Körper aus der Umwelt nach ihren Eigenschaften unterscheiden		
	Aufg. 2 – 3: Körper als Schablone nutzen		
D18: Sachrechnen	Aufg. 1 – 4: Zu Rechengeschichten eine passende Skizze zeichnen, Lösung und Antwort aufschreiben		
D19: Bis 20 flexibel rechnen	Aufg. 1 – 2: Subtraktionsaufgaben lösen durch Abziehen oder Ergänzen		
	Aufg. 3: Dreigliedrige Additions- und Subtraktionsaufgaben geschickt mit Zahlenblick lösen		
	Aufg. 4 – 5: Aufgabenfolgen erkennen und fortsetzen, passende Regel finden		
D20: Kalender / Uhr	Aufg. 1 – 2: Uhrzeiten einstellen: Zeiger bei vollen Stunden einzeichnen		
	Aufg. 3: Analoge Uhrzeiten ablesen, beide Uhrzeiten passend zum Zeigerstand eintragen		
	Aufg. 4: Reihenfolge der Monate kennen		
	Aufg. 5: Reihenfolge der Wochentage kennen, Datum angeben		

© Bildungshaus Schulbuchverlage

Notizen

Hinweise zu Diagnosetest 1

Wahrnehmung / Lagebeziehungen erkennen (nach Schulbuchseite 13)

Kompetenzen	Fördermaßnahmen und Fördermaterialien
Rechts und links am eigenen Körper erfahren und beschreiben	• Spiel: „Mein rechter, rechter Platz ist frei.“ • Bewegungsspiel: Hüpfe auf dem rechten Bein! Hebe den linken Arm! Fasse mit der rechten Hand dein linkes Ohr an!
Aufg. 1 – 2 Begriffe rechts und links verstehen. Informationen über Lagebeziehungen aus einem Bild entnehmen.	• Lernen mit allen Sinnen: Links, rechts, vorne hinten hören • Spiel: „Ich sehe was, was du nicht siehst.“ (z. B. „Es hängt links neben der Tafel.“) • Bildbeschreibung: Die Lehrkraft zeichnet drei Gegenstände an die Tafel. Die Kinder beschreiben: links, rechts, Mitte. Die Lehrkraft kann auch vor der Beschreibung die Tafel zuklappen. **Geometrie 1/2 – Karteikarten** 9 bis 11: Links – rechts **Geometrie 1/2 – Arbeitsheft**, Seite 5 bis 7: Links – rechts **Fördern 1 – Karteikarten** 15 und 16: Lagebeziehungen **Fördern 1 – Arbeitsheft**, Seite 7: Rechts oder links? **Kopiervorlagen** KV 163 und 164: Links – rechts KV 191: Spiel: Lagen-Bingo; Partnerspiel: Neuner-Feld **Inklusionsmaterialien** **Heft A1:** Seite 8 bis 10: Links – rechts Seite 11: Linkes oder rechtes Haus Seite 32: Links – rechts **Lernsoftware 1** – Thema 72: Links – rechts
Aufg. 3 Figur-Grund-Diskriminierung. Begriffe Kreis, Dreieck und Viereck unterscheiden	**Geometrie 1/2 – Karteikarten** 5 und 6: Formen erkennen **Geometrie 1/2 – Arbeitsheft**, Seite 13 und 14: Kreise, Dreiecke, Vierecke **Fördern 1 – Karteikarten** 4 bis 6: Figur-Grund-Wahrnehmung **Fördern 1 – Arbeitsheft**, Seite 3: Figur-Grund-Wahrnehmung **Kopiervorlagen** KV 157 und 158: Formen unterscheiden **Inklusionsmaterialien** **Heft A1:** Seite 4 und 5: Farben zuordnen Seite 16 und 17: Formen erkennen Seite 18 und 19: Figur-Grund-Wahrnehmung **Lernsoftware 1** – Thema 71: Formen
Fragen zur genaueren Beobachtung	• Kann das Kind rechts und links am eigenen Körper sicher unterscheiden? • Dreht sich das Kind, wenn es rechts und links in einer anderen Perspektive unterscheiden soll? • Erkennt das Kind auch bei überlappenden Formen, wo sich Dreiecke bzw. Vierecke befinden?

© Bildungshaus Schulbuchverlage

Name: **Datum:**

1 Auf dem linken oder auf dem rechten Bild?

2 Linke oder rechte Hand?

3

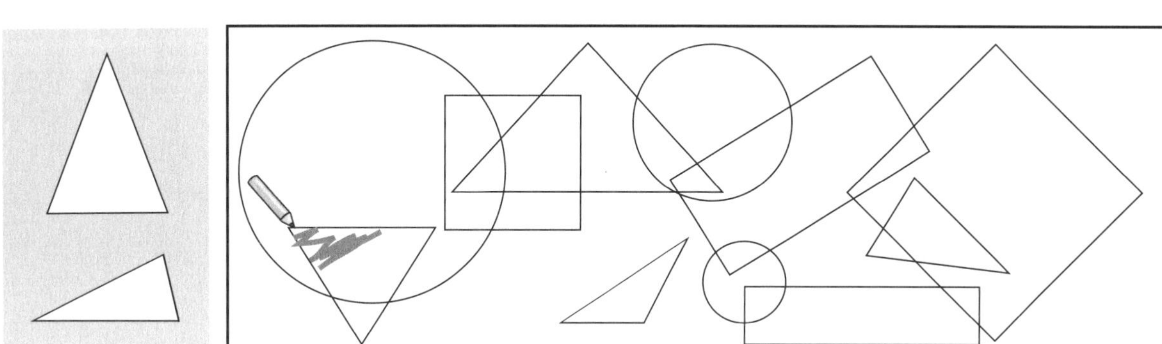

Anzahlen bis 10 erfassen / Ziffern schreiben (nach Schulbuchseite 19)

Kompetenzen	Fördermaßnahmen und Fördermaterialien
Aufg. 1 – 3 Anzahlen bis 10 erfassen, Zahlen formklar und bewegungsrichtig schreiben	• Zählübungen mit allen Sinnen: Kind auffordern, gezählte Dinge simultan zum Aufsagen der Zählzahlreihe beiseite zu legen oder durch Striche die Anzahl zu visualisieren. • Beim Abzählen von gezeichneten Dingmengen die gezählten Dinge durchstreichen oder antippen. • Bei Rechts-links-Verdrehung der geschriebenen Ziffern und falscher Schreibbewegungsrichtung: Ziffern mit Springseilen legen und nachlaufen, Ziffern in (tiefes Backblech mit) Sand schreiben, Ziffern kneten, Fühlkarten mit Ziffern nachspuren, Fadenbilder kleben. **Fördern 1 – Karteikarten** 17 bis 24: 17 und 18: Wo sind mehr? Eins-zu-eins-Zuordnung 19 und 20: Anzahlen fühlen und hören 21 bis 23: Anzahlen erkennen 24: Male Punkte zu der Zahlenkarte. **Fördern 1 – Arbeitsheft**, Seite 10: Anzahlen malen **Zahlen-Kartenspiel** • Spiel „Zuordnung von Zahl und Menge“ und „Zuordnung von Menge und Zahl“ **Digitale Lehrermaterialien** • Lied 1: „Zahlen-Spiel-Lied“ **Kopiervorlagen** KV 22 bis 34: Mein Zahlenheft KV 177: Blanko-Vorlage Ziffernschreibkurs (große, mittlere und kleine Kästchen, von der Lehrerin am Beginn der Reihe zu füllen) **Inklusionsmaterialien** **Heft A2:** Seite 2 bis 27: Zahlen 0 bis 6 **Heft A4:** Seite 12 bis 23: Zahlen 7 bis 10 **Lernsoftware 1** Thema 11: Zahlen erkennen Thema 12: Mengen Thema 13: Schnelles Sehen
Aufg. 2 Darstellung von Zahlen in Rechenschiffen erfassen	• Partnerarbeit an den Rechenschiffen auf der Beilage des Schulbuches: Ein Kind legt Wendeplättchen in die dort abgebildeten Rechenschiffe, die Nachbarin zeigt das passende Zahlenkärtchen.
Aufg. 4 – 5 Sich in der Zahlenreihe bis 10 orientieren, vorwärts und rückwärts zählen	**Inklusionsmaterialien** **Heft A2:** Seite 28: Zahlenreihe bis 6 **Heft A4:** Seite 24: Zahlenreihe bis 10 **Lernsoftware 1** Thema 14: Zahlenreihe
Fragen zur genaueren Beobachtung	• Beherrscht das Kind die Zahlwortreihe sicher? Kann das Kind auch in Zweierschritten oder rückwärts zählen? • Erkennt das Kind die Augenzahl bei einem Würfel simultan? • Zeigt das Kind bei jeder gesprochen Zahl auf genau einen Gegenstand (Eins-zu-Eins-Zuordnung)? • Lässt das Kind beim Abzählen Gegenstände aus oder zählt es Gegenstände mehrfach? • Kann das Kind die Zahl korrekt nennen und aufschreiben? • Kann das Kind die Ziffernform grob- und feinmotorisch nachvollziehen?

© Bildungshaus Schulbuchverlage

Name: **Datum:**

1

2

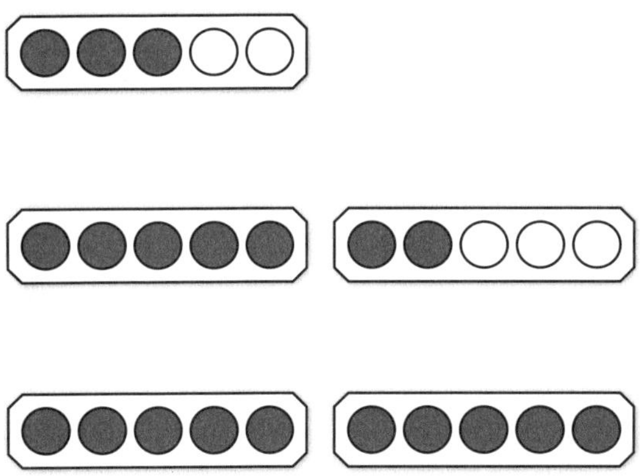

3

4

5

Plus-Geschichten (nach Schulbuchseite 26)

Kompetenzen	Fördermaßnahmen und Fördermaterialien
Aufg. 1 – 2 Bildlich dargestellte Additionsaufgaben lösen	• Bildlichen Inhalt mit eigenen Worten erzählen. • Additionsaufgaben in Wimmelbildern suchen und lösen. • Eigene Fühl-Karten zum Addieren herstellen. • Ein „Plus"-Bilderbuch selbst gestalten. • Eigene Aufgaben finden und zeichnen: „Das kann ich schon!" • Addieren mit allen Sinnen **Fördern 1 – Karteikarten** 35 bis 37: Plus-Geschichten **Fördern 1 – Arbeitsheft**, Seite 20: Plus-Geschichten **Sachrechnen und Größen 1 – Karteikarten** 7 und 8: Zu Bildgeschichten Terme finden und Aufgaben lösen **Sachrechnen und Größen 1 – Arbeitsheft**, Seite 11 bis 13 **Kopiervorlagen** – KV 66: Addieren – Einsteigen in das Piratenschiff **Inklusionsmaterialien** **Heft A3:** Seite 6 bis 13: Plus-Aufgaben bis 6 **Heft B1:** Seite 2 und 3: Plus-Aufgaben bis 10 **Lernsoftware 1** Thema 22: Plus-Geschichten bis 10
Aufg. 3 – 4 Zerlegungen erkennen und passende Additionsaufgabe schreiben	• **Partnerarbeit:** Ein Kind legt seine Hände auf den Tisch. Der Partner legt einen Stift beliebig zwischen die Finger. Das Kind nennt die sichtbare Zerlegung der Zehn **Fördern 1 – Karteikarten** 25 bis 27: 25: Male zu der Zahlenkarte verschiedene Zerlegungen 26: Wie viele Kugeln sind verdeckt? 27: Wie heißt die Zerlegung? **Fördern 1 – Arbeitsheft**, Seite 11 bis 14: Seite 11 und 12: Schüttelbox Seite 13 und 14: Zerlegungen **Kopiervorlagen** KV 51 bis 55: Zerlegungen mit und ohne Schüttelbox KV 56 und 57: Partnerzahlen KV 179: Blanko-Vorlage „Schüttelboxen" zum individuellen Arbeiten mit den Boxen und zum Notieren der Ergebnisse **Inklusionsmaterialien** **Heft A3:** Seite 2 bis 5: Zahlzerlegungen bis 6 **Heft A4:** Seite 28 bis 32: Zahlzerlegungen bis 10 **Kartenspiel „Zerlegungskarten"** **Lernsoftware 1** Thema 21: Zahlen zerlegen
Fragen zur genaueren Beobachtung	• Hat das Kind die Addition auf der Handlungsebene (als Hinzufügen, Dazukommen, ...) verstanden? • Kann das Kind Umgangssprache in die Sprache der Mathematik übersetzen? • Kann das Kind zu einer vorgegebenen Additionsaufgabe selbst ein Bild malen oder eine Rechengeschichte erzählen? • Kann das Kind passende Zerlegungen nennen, ohne auf die Hände zu schauen?

© Bildungshaus Schulbuchverlage

Name: **Datum:**

1

2

3 Immer 6

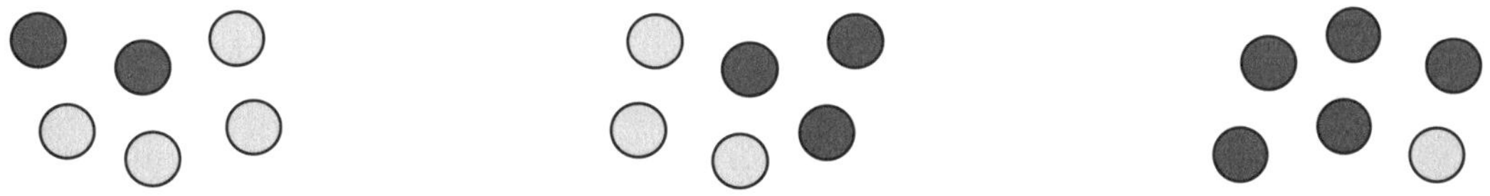

4

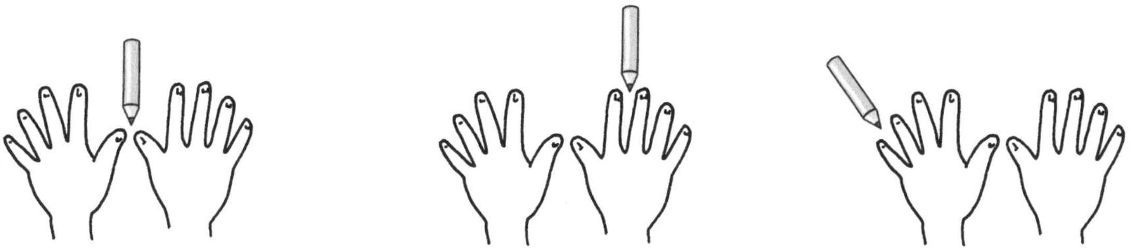

Hinweise zu Diagnosetest 4

Bis 10 addieren (nach Schulbuchseite 35)

Kompetenzen	Fördermaßnahmen und Fördermaterialien
Aufg. 1 – 2 Am Material dargestellte Additionsaufgaben lösen	• Partnerspiele: Ein Kind malt, das andere schreibt die passende Aufgabe – und umgekehrt. • Aufgaben mit Rechenschiffen und Wendeplättchen nachlegen oder an der Beilage „Rechenstreifen" mit zwei Stiften zeigen. • Zahlensatz und bildliche Darstellung zuordnen (siehe Diagnosetest 3). • Eigene Fühl-Karten zum Addieren herstellen. • Eigene Aufgaben finden und zeichnen: „Das kann ich schon!" **Fördern 1 – Karteikarten** 38 bis 40: Plus-Aufgaben legen und zeigen **Fördern 1 – Arbeitsheft**, Seite 21 und 22: Seite 21: Addieren mit Rechenschiffen Seite 22: Plus-Aufgaben **Kopiervorlagen** KV 67: Additionsaufgaben mit Rechenschiffen **Inklusionsmaterialien** **Heft A3:** Seite 14 bis 20: Addieren bis 6 mit Rechenschiffen und mit der Rechenhilfe **Heft A4:** Seite 2 und 3: Addieren bis 6 mit der Rechenhilfe **Heft B1:** Seite 4 bis 7: Addieren bis 10 mit Rechenschiffen und mit der Rechenhilfe **Lernsoftware 1** Thema 23: Addieren mit Rechenhilfe
Aufg. 3 – 4 Additionsaufgaben auf der symbolischen Ebene lösen, Aufgabenfolgen erkennen und fortsetzen	**Fördern 1 – Arbeitsheft**, Seite 23: Wie geht es weiter? – Aufgabenfolgen **Inklusionsmaterialien:** **Heft A3:** Seite 21: Übungen zum Addieren bis 6 **Heft A4:** Seite 4 und 5: Übungen zum Addieren bis 6
Aufg. 5 „Zahlenfreunde" – Zahlen zerlegen	siehe Diagnosetest 3
Fragen zur genaueren Beobachtung	• Kann das Kind zu einer vorgegebenen Additionsaufgabe selbst ein Bild malen oder eine Rechengeschichte erzählen? • Kann das Kind sicher Aufgaben mit dem Rechenstreifen zeigen und lösen? • Löst das Kind Aufgaben zählend oder erfasst es dargestellte Zahlen am Rechenstreifen auf einen Blick?

© Bildungshaus Schulbuchverlage

Name: **Datum:**

1

____________ ____________

2

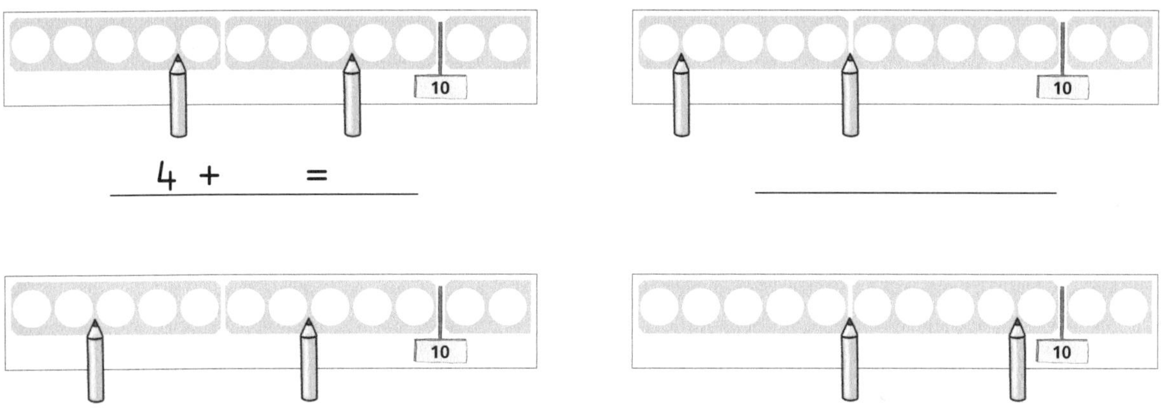

4 + ___ = ___

____________ ____________ ____________

3

3 + 6 = ___	7 + 3 = ___	8 + 2 = ___
0 + 5 = ___	3 + 7 = ___	5 + 2 = ___
4 + 6 = ___	8 + 0 = ___	1 + 5 = ___

4

3 + 1 = ___	4 + 2 = ___
3 + 2 = ___	4 + 3 = ___
3 + 3 = ___	4 + 4 = ___
____________	____________

5

1 + ___ = 6 3 + ___ = 6 5 + ___ = 6

Minus-Geschichten (nach Schulbuchseite 42)

Kompetenzen	Fördermaßnahmen und Fördermaterialien
Aufg. 1 – 3 Bildlich dargestellte Subtraktionsaufgaben lösen	• Minus-Aufgaben spielen und verstehen. • Eigene Subtraktionsaufgaben malen und aufschreiben: „Das kann ich schon!“ **Fördern 1 – Karteikarten** 45 bis 47: Minus-Geschichten **Fördern 1 – Arbeitsheft**, Seite 25: Minus-Geschichten **Kopiervorlagen** KV 74 und 75: Subtrahieren – Aussteigen aus dem Piratenschiff KV 77 bis 79: Geschichten zum Subtrahieren **Inklusionsmaterialien** **Heft A3:** Seite 22 bis 25: Minus-Geschichten bis 6 **Heft B1:** Seite 8 und 9: Minus-Geschichten bis 10 **Lernsoftware 1** Thema 31: Minus-Geschichten bis 10
Aufg. 4 Mit Rechenschiffen dargestellte Subtraktionsaufgaben lösen	• Minus-Aufgaben mit Wendeplättchen und Rechenschiffen legen. • Partnerarbeit: Ein Kind malt, das andere schreibt die passende Aufgabe – und umgekehrt. **Fördern 1 – Karteikarte** 48: Lege die Minus-Aufgabe. **Fördern 1 – Arbeitsheft**, Seite 26: Subtrahieren mit Rechenschiffen **Kopiervorlagen** KV 76: Subtraktionsaufgaben mit Rechenschiffen KV 178: Blanko-Vorlage Rechenschiffe bis 10, Malen und wegstreichen **Inklusionsmaterialien** **Heft A3:** Seite 26 bis 29: Subtrahieren bis 6 mit Rechenschiffen **Heft B1:** Seite 10: Subtrahieren bis 10 mit Rechenschiffen **Lernsoftware 1** Thema 321: Weniger Plättchen
Fragen zur genaueren Beobachtung	• Kann das Kind die Handlung auf dem Bild nachvollziehen und mit eigenen Worten wiedergeben? • Hat das Kind die Subtraktion auf der Handlungsebene (als Wegnehmen, Weggehen, ...) verstanden? • Kann das Kind die Umgangssprache in die Sprache der Mathematik übersetzen? • Kann das Kind zu einer vorgegebenen Subtraktionsaufgabe selbst ein Bild malen oder eine Rechengeschichte erzählen?

© Bildungshaus Schulbuchverlage

Name: **Datum:**

1

vorher 5 5 – =

vorher ___ ______

2

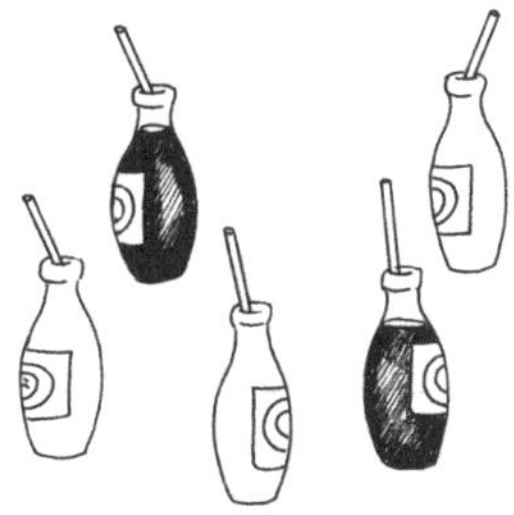

vorher ___ ______

vorher ___ ______

3

vorher ___ ______

vorher ___ ______

4

______

______

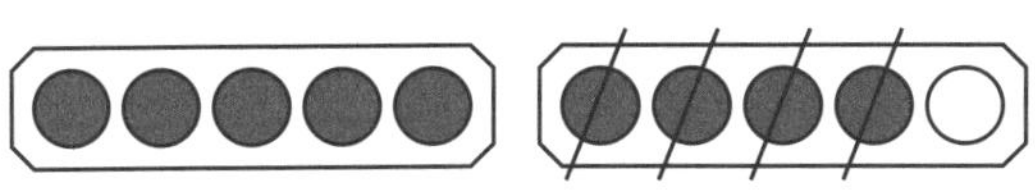

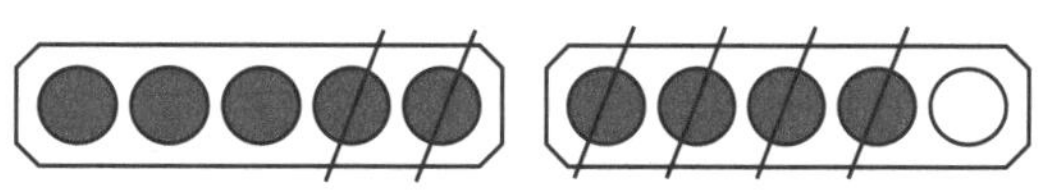

______

______

Hinweise zu Diagnosetest 6

Bis 10 subtrahieren (nach Schulbuchseite 49)

Kompetenzen	Fördermaßnahmen und Fördermaterialien
Aufg. 1 Am Material dargestellte Subtraktionsaufgaben lösen	• Partnerspiel: Aufgaben mit Rechenschiffen und Wendeplättchen nachlegen oder an der Beilage „Rechenstreifen“ mit zwei Stiften zeigen und lösen. • Zahlensatz und bildliche Darstellung zuordnen (siehe Diagnosetest 5). **Fördern 1 – Karteikarten** 49 bis 50: Minus-Aufgaben legen und zeigen **Fördern 1 – Arbeitsheft**, Seite 27: Minus-Aufgaben **Inklusionsmaterialien** **Heft A3:** Seite 30 und 31: Subtrahieren bis 6 mit der Rechenhilfe **Heft A4:** Seite 6 und 7: Subtrahieren bis 6 mit der Rechenhilfe **Heft B1:** Seite 11 und 12: Subtrahieren bis 10 mit der Rechenhilfe **Lernsoftware 1** Thema 32: Subtrahieren mit Rechenhilfe
Aufg. 2 Subtraktionsaufgaben auf der symbolischen Ebene lösen	**Inklusionsmaterialien** **Heft A3:** Seite 32: Übungen zum Subtrahieren bis 6 **Heft A4:** Seite 8 und 9: Übungen zum Subtrahieren bis 6 **Heft B1:** Seite 13: Übungen zum Subtrahieren bis 10
Aufg. 3 – 4 Aufgabenfolgen (auch im Minus-Segel) erkennen und fortsetzen	• Muster von Aufgabenfolgen deutlicher herausarbeiten durch gleichfarbiges Anmalen der Zahlen, die untereinander stehen. 7 – 3 = ____ 8 – 4 = ____ 9 – 5 = ____ 10 – 6 = ____ • Mit dem Minus-Segel (Beilage Schülerbuch, Poster) arbeiten. **Fördern 1 – Arbeitsheft**, Seite 28: Aufgabenfolgen
Fragen zur genaueren Beobachtung	• Arbeitet das Kind mit dem angebotenen konkreten Material oder löst es die Aufgaben vorstellend? • Nutzt das Kind den Rechenstreifen für die Aufgabenlösung? Kann es die Aufgaben mit Hilfe von zwei Stiften am Rechenstreifen zeigen oder legt es sämtliche Plättchen einzeln in die Rechenschiffe? • Nutzt das Kind die Fünferzäsur, um Zahlen über 5 schnell darzustellen und zu erfassen? • Nutzt das Kind die Finger als Zählhilfe bzw. zählt es versteckt? • Erkennt das Kind das Aufbauprinzip des Minus-Segels bzw. der Päckchen und kann dieses beschreiben?

© Bildungshaus Schulbuchverlage

1 Schreibe die Minus-Aufgaben.

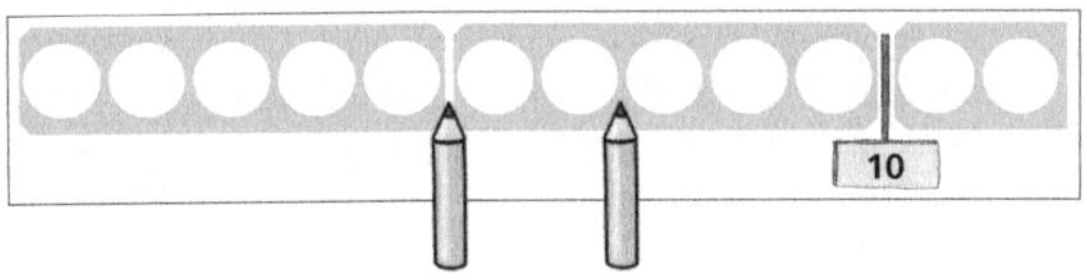

7 − = ______

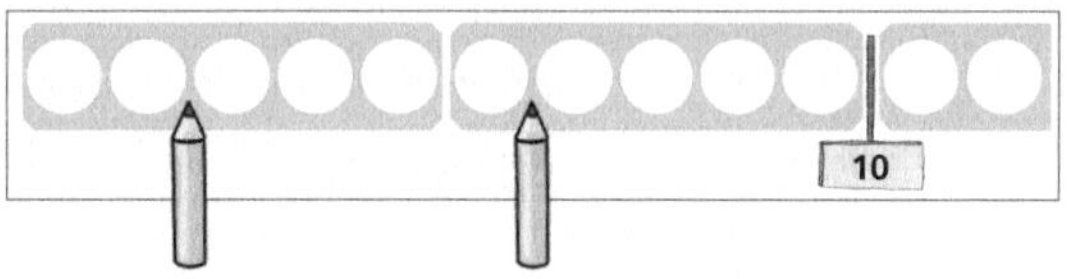

______

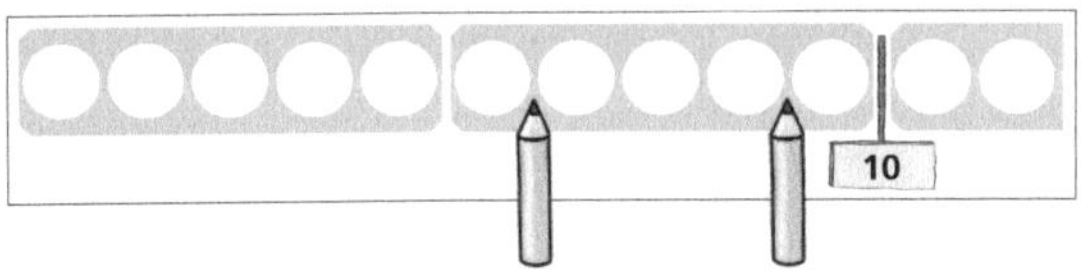

______

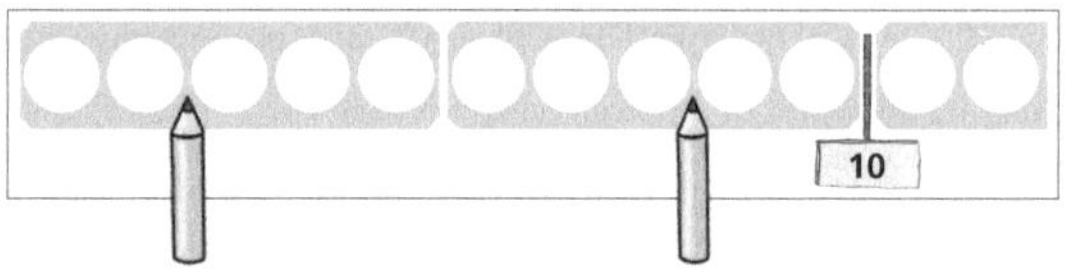

______

2

5 − 2 = ___
9 − 3 = ___
4 − 4 = ___

7 − 3 = ___
8 − 5 = ___
6 − 4 = ___

10 − 4 = ___
10 − 7 = ___
10 − 9 = ___

3 Minus-Segel

6 − 3 = ___
7 − 3 = ___
______

7 − 4 = ___
8 − 4 = ___
______

6 − 6 = ___
7 − 6 = ___
______

4 Wie geht es weiter?

9 − 3 = ___
9 − 4 = ___
9 − 5 = ___
______

6 − 1 = ___
6 − 2 = ___
6 − 3 = ___
______

Hinweise zu Diagnosetest 7

Verwandte Aufgaben (nach Schulbuchseite 55)

Kompetenzen	Fördermaßnahmen und Fördermaterialien
Aufg. 1 – 3 Zu einer Additionsaufgabe eine Subtraktionsaufgabe bilden und umgekehrt (Umkehraufgabe)	• Lernen mit allen Sinnen: Zu Fühlkarten, Knotenseilen, ... zwei Additionsaufgaben bilden: Aufgabe und Tauschaufgabe • Aufgabe und Tauschaufgabe aufschreiben und lösen. • Rechengeschichten hören und erzählen – stets mit „Umkehrung“; dazu die passenden Aufgaben aufschreiben: – zu 5 Kindern kommen 3 hinzu 5 + 3 = ___ – dann gehen die 3 Kinder wieder weg 8 – 3 = ___ • Umkehraufgaben zu Plus-Aufgaben aufschreiben. **Fördern 1 – Karteikarte** 52: Plus- und Minus-Aufgabe **Fördern 1 – Arbeitsheft**, Seite 33: Aufgabe und Umkehraufgabe **Inklusionsmaterialien** **Heft B1:** Seite 24 bis 29: Aufgabe und Umkehraufgabe **Kopiervorlagen** KV 88: Tausch- und Umkehraufgabe
Aufg. 4 Aus drei Zahlen zwei Additions- und zwei Subtraktionsaufgaben bilden (Verwandte Aufgaben)	• Zu zwei vorgegebenen Zahlen die zu einer Aufgabe passende dritte Zahl finden. • Verwandte Aufgaben üben: Partnerarbeit mit Pluminchen: Einer schreibt zwei passende Zahlen in den Kopf oder eine beliebige Plus- oder Minus-Aufgabe in den Bauch, der Andere füllt das Pluminchen fertig aus. **Fördern 1 – Arbeitsheft**, Seite 32: Aufgabe und Tauschaufgabe **Inklusionsmaterialien** **Heft B1:** Seite 16 bis 18: Tauschaufgaben Seite 30 und 31: Verwandte Aufgaben **Kopiervorlagen** KV 137P Pluminchen 
Aufg. 5 Umkehraufgaben lösen	• Umkehraufgaben/ Aufgaben zum Ergänzen lösen. **Inklusionsmaterialien** **Heft B1:** Seite 19 bis 23: Ergänzen
Fragen zur genaueren Beobachtung	• Kann das Kind erklären, warum Tauschaufgaben dasselbe Ergebnis haben? • Kann das Kind bei einer Darstellung mit Stiften am Rechenstreifen die passende Additions- und auch die Subtraktionsaufgabe nennen?

© Bildungshaus Schulbuchverlage

1

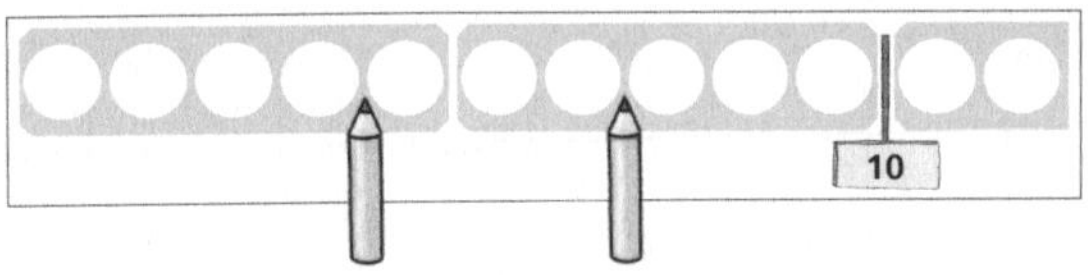

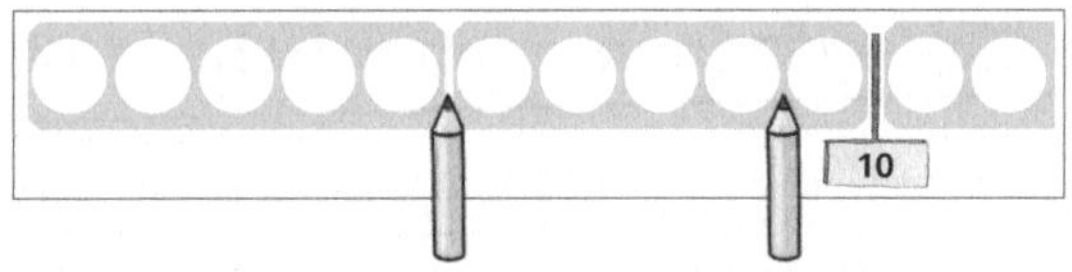

4 + 3 = ____
7 − 3 = ____

____
____

2

2 + 3 = 5
5 − 3 = ____

5 + 4 = ____
____ − 4 = ____

6 + 4 = ____
____ − 4 = ____

3

8 − 3 = ____
5 + 3 = ____

9 − 5 = ____
____

7 − 6 = ____
____

4

5

____ − 2 = 6
____ − 4 = 5

____ + 3 = 8
____ + 5 = 9

____ − 4 = 1
____ − 6 = 4

Ebene Figuren (nach Schulbuchseite 61)

Kompetenzen	Fördermaßnahmen und Fördermaterialien
Quadrate und Dreiecke unterscheiden	• Sortieraufgaben mit den Plättchen • Spiele mit dem Fühlsäckchen **Geometrie 1/2 – Karteikarte** 19: Tippkarte 2: Flächen – Formen Karteikarten 23 und 24: Kreise, Dreiecke und Vierecke **Geometrie 1/2 – Arbeitsheft**, Seite 13 und 14: Kreise, Dreiecke, Vierecke **Inklusionsmaterialien** **Heft A1:** Seite 16 und 17: Formen erkennen Seite 18 und 19: Figur-Grund-Wahrnehmung **Heft B4:** Seite 20 bis 23: Ebene Figuren
Aufg. 1 – 2 Vorgegebene Figuren auslegen	• Partnerspiel: einer legt eine Figur, der andere legt sie nach. 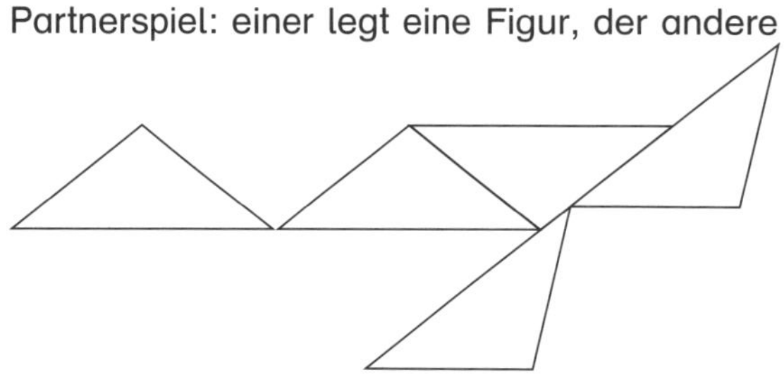 • Figuren ohne Trennlinien auslegen. Dazu kann ein Kind eine Figur legen und umfahren, die Partnerin legt die Figur aus. • Figuren nur mit bestimmten Formenplättchen nachlegen (nur mit Dreiecken). **Geometrie 1/2 – Karteikarten** 29 bis 31: Auslegen Karteikarten 23 und 24: Kreise, Dreiecke und Vierecke **Geometrie 1/2 – Arbeitsheft**, Seite 16: Nachlegen **Inklusionsmaterialien** **Heft A1:** Seite 24 bis 27: Auslegen
Fragen zur genauеren Beobachtung	• Erkennt das Kind, dass zwei Dreiecke auch durch ein Quadrat ersetzt werden können (und umgekehrt)? • Sieht das Kind schnell die Form und die Lage der notwendigen Plättchen oder probiert es mehrfach?

© Bildungshaus Schulbuchverlage

Lege die Formen aus und zeichne die Linien ein.
Wie viele Dreiecke und Quadrate sind es?

1

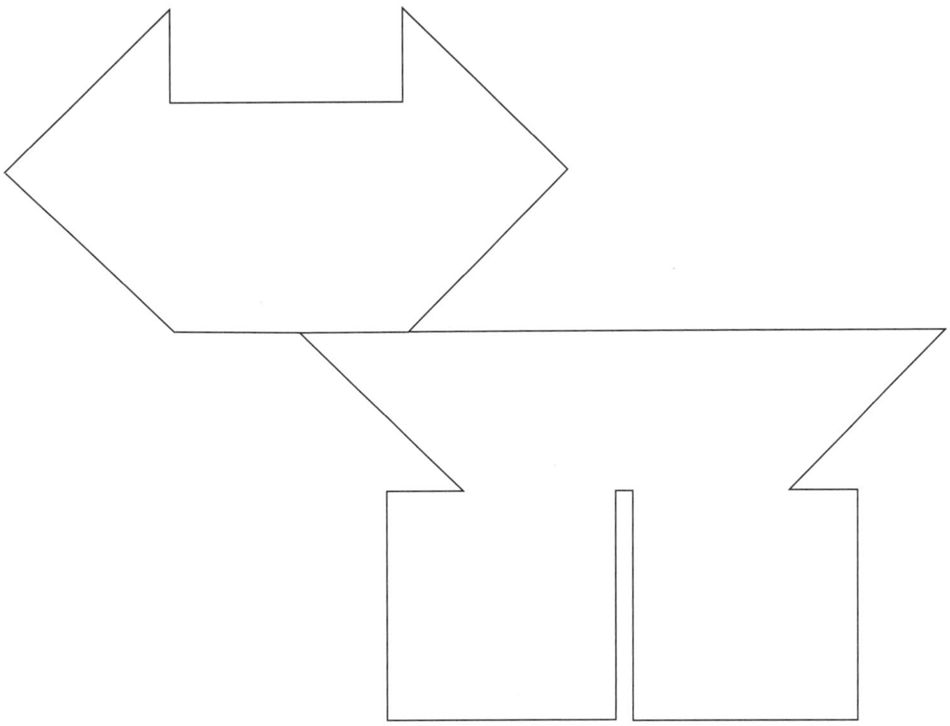

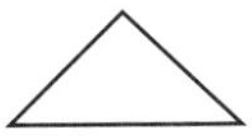 ___  ___

2

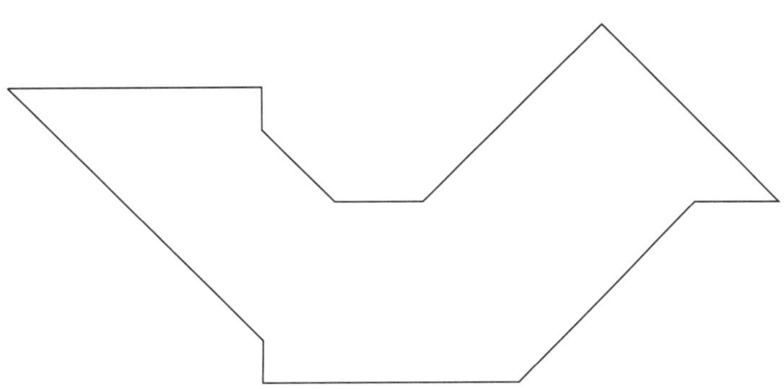

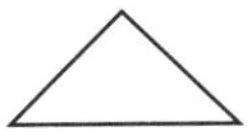 ___  ___

Hinweise zu Diagnosetest 9

Zahlen bis 20 (nach Schulbuchseite 65)

Kompetenzen	Fördermaßnahmen und Fördermaterialien
Aufg. 1 – 2 Anzahlen bis 20 erfassen, Zahldarstellungen deuten	• Zählübungen mit allen Sinnen • Kartenspiel: „Zuordnung von Zahl und Menge" und „Zuordnung von Menge und Zahl" • Partnerarbeit: Anzahlen mit den Fingern zeigen. Ein Kind zeigt mit beiden Händen eine Zahl, die Nachbarin zeigt das passende Zahlenkärtchen. **Fördern 1 – Karteikarten** 28 und 29: Wie viele sind es? **Fördern 1 – Arbeitsheft**, Seite 15: Anzahlen bis 20 **Inklusionsmaterialien** **Heft B2:** Seite 2 bis 7: Zahlen bis 20 **Kopiervorlagen** KV 49: Anzahlen bis 20 **Lernsoftware 1** Thema 42: Anzahlen bis 20
Aufg. 3 – 4 Vorgänger und Nachfolger benennen	• Kleingruppenspiel an der Kinderreihe (Beilage des Buches): Ein Kind legt ein Plättchen, das zweite Kind nennt die passende Zahl, dann werden der Vorgänger und der Nachfolger genannt (Kontrolle durch Abzählen). • Zahlen-Kartenspiel: Spiel Nr. 6: „Nachbarzahlen – Partnerspiel" **Fördern 1 – Karteikarte** 30: Vorgänger und Nachfolger **Fördern 1 – Arbeitsheft**, Seite 18: Vorgänger – Nachfolger **Inklusionsmaterialien** **Heft B2:** Seite 12 und 13: Vorgänger und Nachfolger **Lernsoftware 1** Thema 41: Zahlenreihe
Aufg. 5 Sich in einer lückenhaften Zahlenreihe orientieren	• An der Kinderreihe (Beilage des Buches) mit Folienstiften arbeiten (die Lehrkraft trägt einige Zahlen mit rotem Stift ein, das Kind trägt die übrigen mit blauem Stift ein). • Kartenspiel: Zuerst werden die Zahlenkarten sortiert und in Reihe verdeckt ausgelegt. Das Kind darf sich sechs (oder später dann weniger) Karten aussuchen und diese umdrehen: Welche Zahlen sind jetzt noch verdeckt? **Inklusionsmaterialien** **Heft B2:** Seite 10 und 11: Zahlenreihe
Fragen zur genaueren Beobachtung	• Kann das Kind die Anzahlen simultan oder quasi-simultan erfassen? Bestimmt es die Anzahlen zählend? • Wenn das Kind zählt, wo beginnt es dann den Zählprozess (bei 1, bei der zweiten Hand (6), bei der dritten Hand (11))? • Zählt es bei jedem der Bilder die Gegenstände (z. B. Finger an einer Hand) erneut aus oder nur beim ersten Bild? • Lässt das Kind beim Zählen bestimmte Zahlen (z. B. 11) häufig oder immer aus? • Zählt das Kind im Zahlenraum bis 10 sicherer als bis 20?

© Bildungshaus Schulbuchverlage

Name: **Datum:**

1

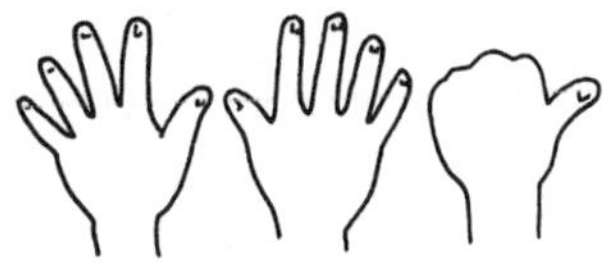 ____

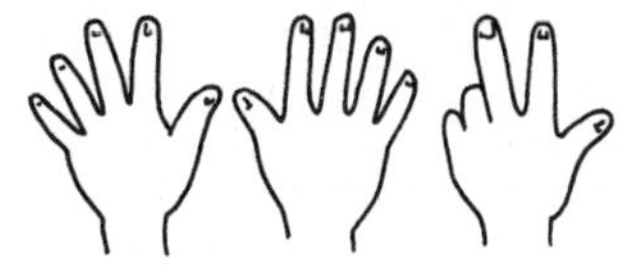 ____

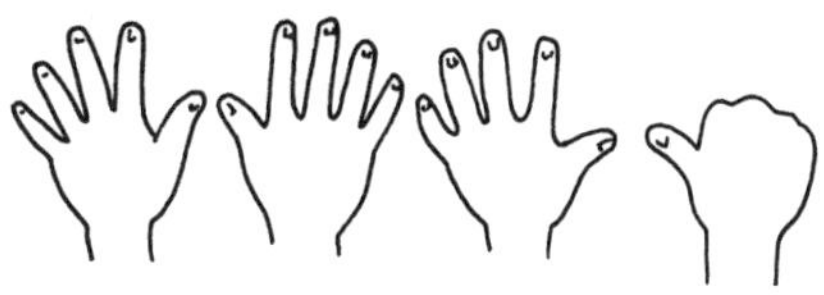 ____

 ____

2

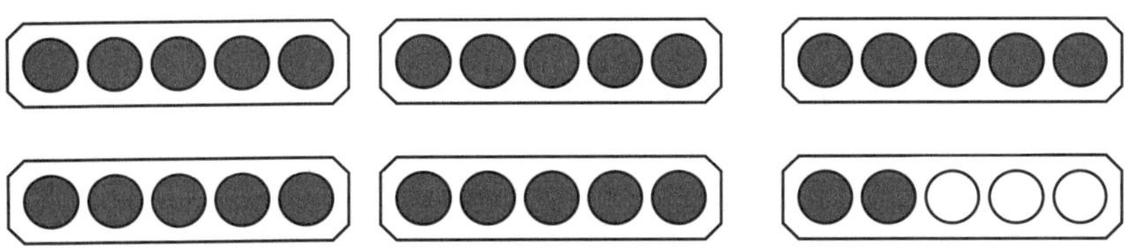 ____ ____

3

4

V	Zahl	N
	4	
	14	

V	Zahl	N
	12	
	15	

V	Zahl	N
	9	
	10	

5

Rechnen mit 10 (nach Schulbuchseite 69)

Kompetenzen	Fördermaßnahmen und Fördermaterialien
Aufg. 1 – 3 Zahlen zur 10 addieren, mit dem Rechenstreifen und auf symbolischer Ebene	• Partnerarbeit: Ein Kind zeigt eine Zahl zwischen 11 und 20 mit einem Stift am Rechenstreifen, die Nachbarin nennt die passende Additionsaufgabe mit 10. **Fördern 1 – Arbeitsheft**, Seite 16: Zahlen bis 20 zerlegen **Inklusionsmaterialien** **Heft B2:** Seite 8: Zahlen 11 bis 20 Seite 9: Welche Zahl ist es? Seite 17: Addieren mit 10 Seite 30: Ergänzen **Heft B3:** Seite 5: Rund um die 10
Aufg. 4 – 5 Zur 10 subtrahieren / von Zahlen 10 subtrahieren	• Partnerarbeit: Ein Kind nennt eine Zahl zwischen 11 und 20, die Nachbarin nennt die passende Subtraktionsaufgabe zur 10. • Zahlen zwischen 11 und 20 mit Material (z. B. Kastanien) in 10er-Eierkartons legen: Der erste Karton ist immer voll. Wie viele liegen im zweiten Karton? Den zweiten Karton wegnehmen und die passende Subtraktionsaufgabe zur 10 nennen und notieren. • Zahlen zwischen 11 und 20 mit Material (z. B. Kastanien) in 10er-Eierkartons legen: Der erste Karton ist immer voll. Wie viele liegen im zweiten Karton? Den vollen Karton wegnehmen und die passende Subtraktionsaufgabe nennen und notieren. **Fördern 1 – Arbeitsheft**, Seite 45: Zur 10 hin, von der 10 weg **Inklusionsmaterialien** **Heft B2:** Seite 20: Subtrahieren zur 10 **Heft B3:** Seite 15: Rund um die 10
Fragen zur genaueren Beobachtung	• Kann das Kind die Anzahlen am Rechenstreifen simultan oder quasi-simultan erfassen? Bestimmt es die Anzahlen zählend? • Wenn das Kind zählt, wo beginnt es dann den Zählprozess (bei 1, bei 11)?

© Bildungshaus Schulbuchverlage

Name: Datum:

1

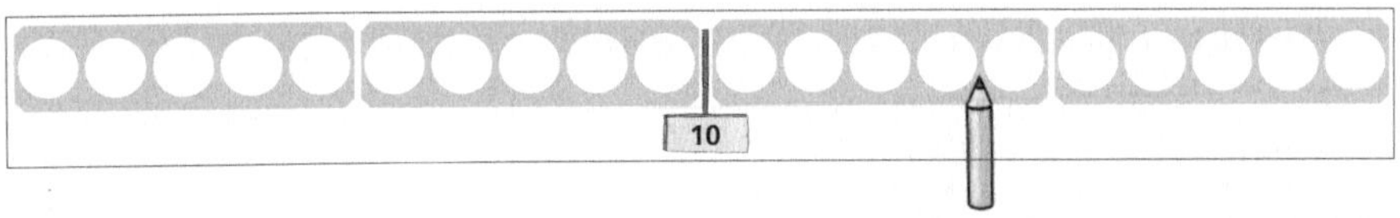

10 + 4 = ____

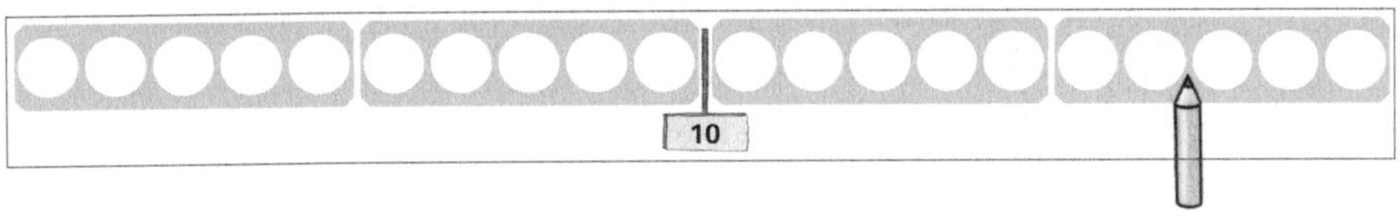

10 + ___ = ____

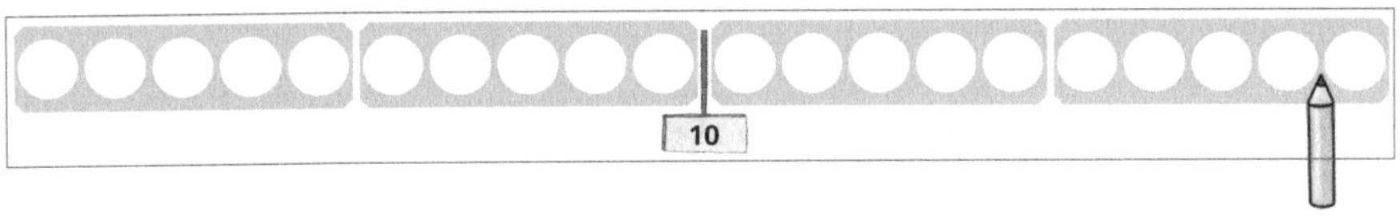

10 + ___ = ____

2

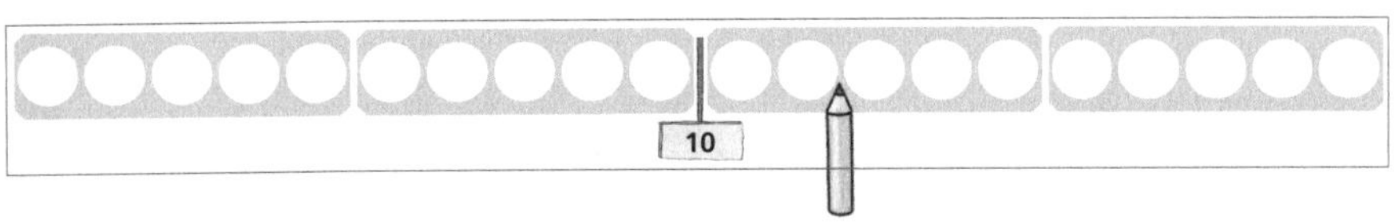

____

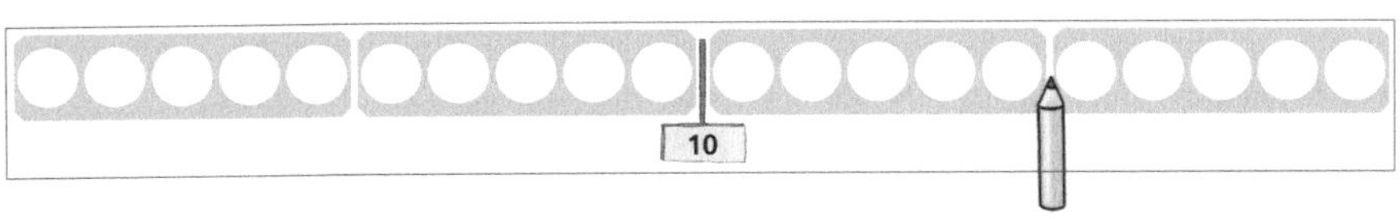

____

3

10 + 3 = ____	10 + 6 = ____	10 + 3 = ____
10 + 8 = ____	10 + 1 = ____	10 + 7 = ____

4

13 − 10 = ____	18 − 8 = ____	17 − 7 = ____
16 − 10 = ____	19 − 10 = ____	14 − 10 = ____
15 − 5 = ____	14 − 4 = ____	20 − 10 = ____

5

11 − ____ = 1	15 − ____ = 5	10 − ____ = 10
12 − ____ = 10	15 − ____ = 10	18 − ____ = 8
16 − ____ = 10	19 − ____ = 9	17 − ____ = 10

Hinweise zu Diagnosetest 11

Kleiner, größer, gleich verwenden / Ordnungszahlen (nach Schulbuchseite 73)

Kompetenzen	Fördermaßnahmen und Fördermaterialien
Aufg. 1 Im Anzahlvergleich zwischen Dingmengen die Kleiner-, Größer-, Gleich-Beziehung erkennen und die Symbole <, >, = zuordnen	• Bauklotztürme, Knotenschnüre, Perlenschnüre vergleichen. • Zwei Bauklotztürme auch mal zum Vergleichen flach auf den Boden legen. Den Vergleich anstellen, indem zwei längere Holzleisten jeweils die obersten bzw. die untersten Bauklötze berühren. Aus den Holzleisten entsteht so das Zeichen > bzw. <. • Die Zeichen < und > in Erinnerung an das Froschmaul mit grünem Buntstift schreiben lassen. **Fördern 1 – Karteikarten** 31 und 32: Kleiner / Größer als **Fördern 1 – Arbeitsheft**, Seite 19: Kleiner, größer oder gleich? **Inklusionsmaterialien** **Heft A2:** Seite 30 bis 32: Größer – kleiner (Zahlen bis 6) **Heft A4:** Seite 26 und 27: Größer – kleiner (Zahlen bis 10) **Kopiervorlagen** KV 63: Kleiner, größer oder gleich
Aufg. 2 – 3 Zahlen bis 20 vergleichen	• Kartenspiel: Ein Kind zieht zwei Zahlenkarten des Kartenspiels, der Nachbar schreibt auf kleine Zettel das richtige Zeichen dazwischen. **Inklusionsmaterialien** **Heft A2:** Seite 32: Größer – kleiner (Zahlen bis 6) **Heft A4:** Seite 27: Größer – kleiner (Zahlen bis 10) **Heft B2:** Seite 14 und 15: Größer – kleiner (Zahlen bis 20)
Aufg. 4 Ordnungszahlen zur Beschreibung einer Reihenfolge verwenden	• Beim Schreiben von Ordnungszahlen den Punkt hinter der Zahl mit rotem Buntstift schreiben lassen. **Fördern 1 – Karteikarten** 33 und 34: Schreibe die richtige Reihenfolge auf. **Kopiervorlagen** KV 64 und 65: Ordnungszahlen – Reihenfolge erkennen **Lernsoftware 1** Thema 15: Ordnungszahlen
Fragen zur genaueren Beobachtung	• Kann das Kind verbal angeben, welche (An-)Zahl die größere ist, verwechselt beim Schreiben aber die Zeichen > und <? • Gelingt dem Kind ein Größenvergleich auch bei ungeordneten Mengen?

© Bildungshaus Schulbuchverlage

Name: **Datum:**

1 Kleiner (<), größer (>) oder gleich (=)?

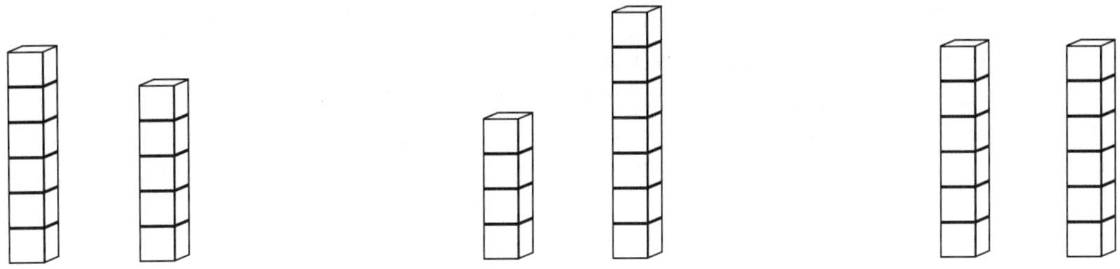

6 ◯ ___ ___ ◯ ___ ___ ◯ ___

2

___ ◯ ___ ___ ◯ ___ ___ ◯ ___

3

4 ◯ 8	7 ◯ 7	11 ◯ 18
9 ◯ 3	6 ◯ 0	2 ◯ 19
2 ◯ 2	5 ◯ 10	20 ◯ 15

4

___ ___ ___ ___ ___ ___ ___ ___

Hinweise zu Diagnosetest 12

Geld (nach Schulbuchseite 79)

Kompetenzen	Fördermaßnahmen und Fördermaterialien
Aufg. 1 Münzen und Geldscheine kennen, Euro-Zeichen kennen, Geldbeträge legen, Geldbeträge aus Münzen ermitteln	• Echte Münzen und Scheine in die Hand nehmen. • Münzen „rubbeln" und Münzen malen. • Schreibübung für das Euro-Zeichen durchführen. • Geldbeträge mit Münzen und Scheinen legen. **Fördern 1 – Karteikarten** 51, 65 und 66: Münzen und Scheine / Euro **Fördern 1 – Arbeitsheft**, Seite 29 und 30: Münzen und Scheine **Sachrechnen und Größen 1 – Karteikarten** 16, 19 und 20: Euro **Inklusionsmaterialien** **Heft B4:** Seite 2 bis 11: Geld / Geld-Beträge **Kopiervorlagen** – KV 141: Geldbeträge **Lernsoftware 1** Thema 811: Geld legen Thema 812: Wie viel Geld?
Aufg. 2 Preise berechnen	• Rollenspiel „Einkaufen" mit Spielgeld spielen: Zwei oder mehr Gegenstände kaufen. Mit Geldscheinen und Münzen bezahlen. • Nach der Angabe auf Preisschildern die Kosten berechnen. • Eigene Aufgaben zum Kaufen erfinden und aufschreiben (als Karteikarten, auf der Rückseite die Lösungen aufschreiben). **Fördern 1 – Arbeitsheft**, Seite 31: Einkaufen **Sachrechnen und Größen 1 – Karteikarten** 15, 17, 18 und 23: Wie viel Geld kostet es? **Sachrechnen und Größen 1 – Arbeitsheft**, Seite 17 und 18: Wie viel Geld kostet es? **Kopiervorlagen** – KV 142: Im Süßwarenladen **Lernsoftware 1** Thema 813: Wie teuer?
Aufg. 3 Preis und Rückgeld berechnen	• Rollenspiel „Einkaufen" mit Spielgeld spielen: Zwei oder mehr Gegenstände kaufen. Mit Geldscheinen bezahlen und Münzen zurückgeben. **Fördern 1 – Karteikarten** 67 und 68: Geld zurück **Fördern 1 – Arbeitsheft**, Seite 51: Geld zurück **Sachrechnen und Größen 1 – Karteikarten** 21, 22 und 24: Wie viel Geld bleibt übrig? **Sachrechnen und Größen 1 – Arbeitsheft**, Seite 19 und 20: Wie viel Geld bleibt übrig? **Inklusionsmaterialien** **Heft B4:** Seite 12 und 13: Geld zurück – Einkaufen **Kopiervorlagen** – KV 143: In der Zoohandlung, KV 151: Sachrechnen **Lernsoftware 1** Thema 814: Wechselgeld
Fragen zur genaueren Beobachtung	• Benötigt das Kind beim Ermitteln der Geldbeträge die Rechenschiffe oder die Finger als Zählhilfe?

© Bildungshaus Schulbuchverlage

Name: **Datum:**

1

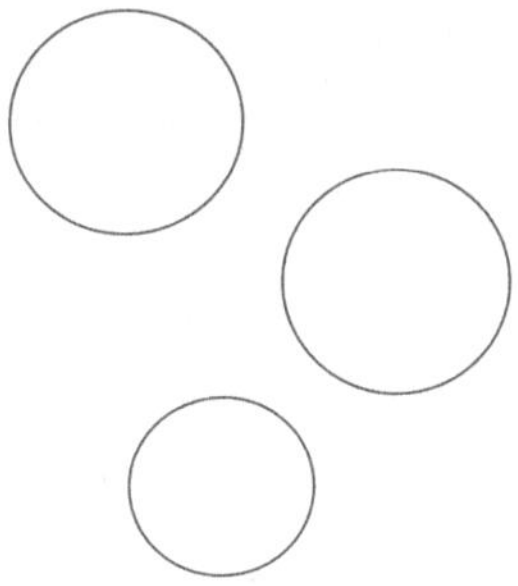

5 €

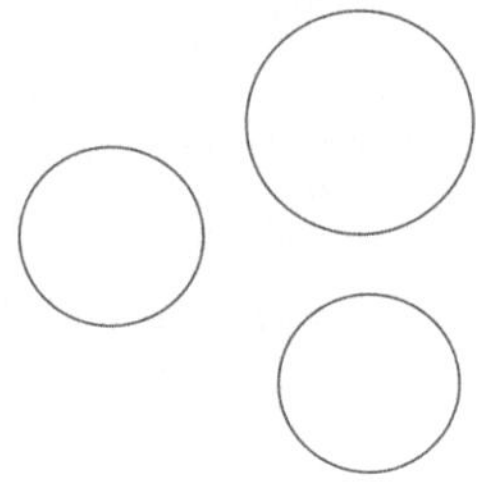

4 €

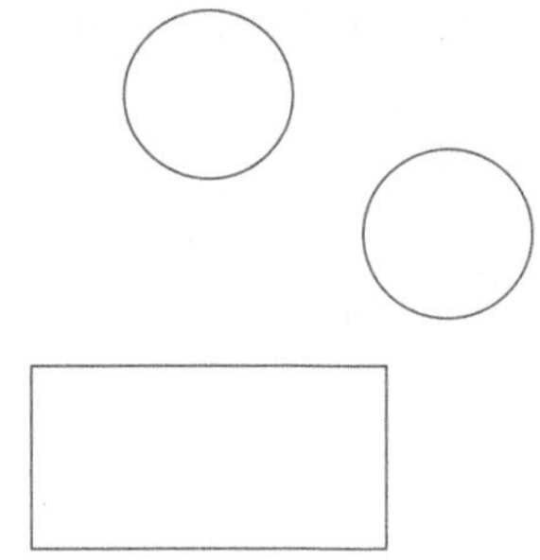

9 €

2

Zusammen _____ €.

Zusammen _____ €.

Zusammen _____ €.

3

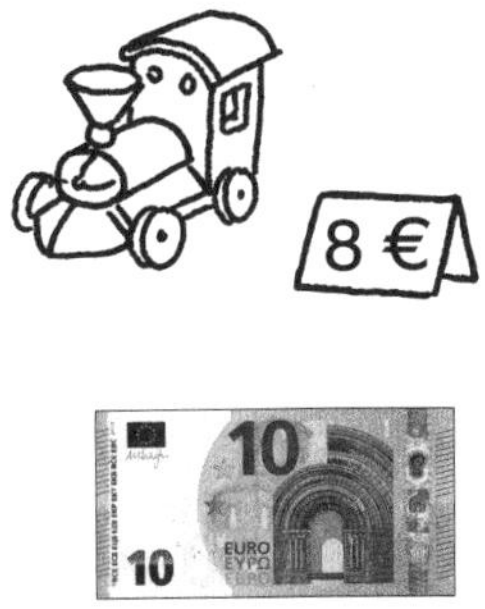

_____ € zurück.

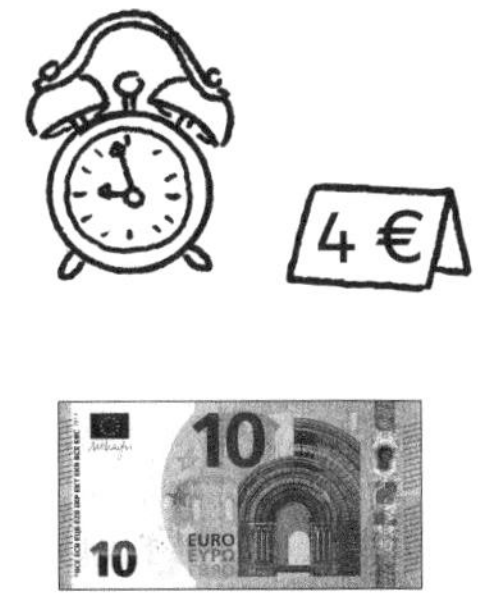

_____ € zurück.

_____ € zurück.

Spiegeln und verdoppeln (nach Schulbuchseite 83)

Kompetenzen	Fördermaßnahmen und Fördermaterialien
Aufg. 1 Spiegelbilder erkennen	• Selbst symmetrische Bilder erzeugen z. B. mit Klecksbildern, durch Falten und Reißen oder durch Falten und Schneiden. • Partnerarbeit: Ein Kind legt eine Figur mit den geometrischen Plättchen, das andere Kind spiegelt die Figur. **Geometrie 1/2 – Karteikarten** 50 bis 53: Klecks-/ Prickel- und Falt-Schnitt-Bilder herstellen und untersuchen **Geometrie 1/2 – Arbeitsheft**, Seite 25 bis 29: Falt-Schnitt-Bilder und Spiegelbilder **Inklusionsmaterialien** **Heft B4:** Seite 14 und 15: Klecks- und Falt-Schnitt-Bilder Seite 16 bis 18: Spiegeln **Kopiervorlagen** KV 169 bis 172: Spiegeln KV 206 bis 213: Geometrie an Stationen 2 – Spiegeln
Aufg. 2 Verdoppeln mit Rechenschiffen	**Fördern 1 – Arbeitsheft**, Seite 34: Verdoppeln
Aufg. 3 Verdopplungsaufgaben auf symbolischer Ebene lösen	**Kopiervorlagen** KV 90: Verdopplungsaufgaben
Aufg. 4 Pluminchen: Aufgabe und Umkehraufgabe bei Verdopplungsaufgaben bilden	Kleine Pluminchen mit gleichen Zahlen in den Augen: Im Bauch stehen die Verdopplungsaufgabe und die Halbierungsaufgabe (als Umkehraufgabe). Übungen zum Pluminchen s. Diagnosetest 7, Aufg. 4
Fragen zur genaueren Beobachtung	• Erkennt das Kind auch ohne den Einsatz des Spiegels richtige Spiegelbilder (Kopfgeometrie)? • Kann das Kind die unterschiedliche Lage einer Figur erkennen? • Kennt das Kind die Verdopplungsaufgaben auswendig? Löst es die Verdopplungsaufgaben mit den Fingern oder am Material?

© Bildungshaus Schulbuchverlage

Name: **Datum:**

1 Ein Spiegelbild in jeder Reihe ist falsch. Streiche es durch.

2

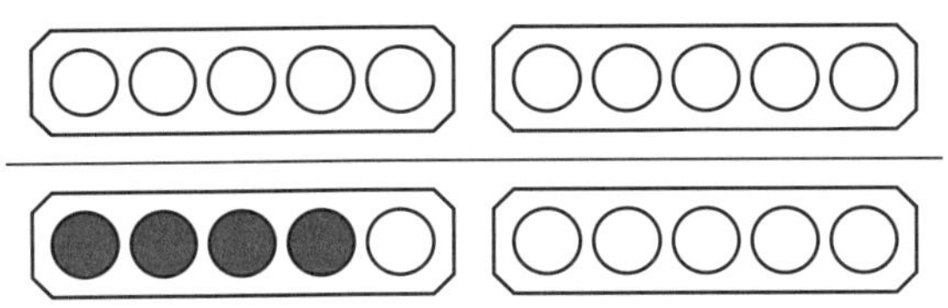

___ + ___ = ___

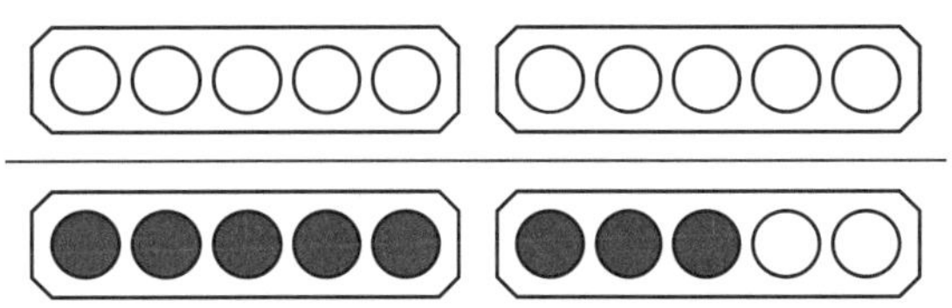

___ + ___ = ___

3

3 + 3 = ___

5 + 5 = ___

7 + 7 = ___

9 + 9 = ___

2 + 2 = ___

0 + 0 = ___

4

Hinweise zu Diagnosetest 14

Bis 20 addieren (nach Schulbuchseite 87)

Kompetenzen	Fördermaßnahmen und Fördermaterialien
Aufg. 1 – 2 Analogie zwischen dem ersten und zweiten Zehner nutzen	• Additionsaufgaben handelnd und zeichnerisch lösen mit Rechenschiffen und Wendeplättchen. • Additionsaufgaben an der Beilage „Rechenstreifen“ mit zwei Stiften zeigen und lösen. **Fördern 1 – Karteikarte** 53: Wie heißt die Plus-Aufgabe? **Fördern 1 – Arbeitsheft**, Seite 35 und 36: Analoge Plus-Aufgaben **Inklusionsmaterialien** **Heft B2:** Seite 18 und 19: Analogieaufgaben bei Plus-Aufgaben Seite 24, 25 und 28: Übungen zum Addieren **Heft B3:** Seite 2 und 3: Wiederholung: Addieren **Kopiervorlagen** KV 94: Addieren im zweiten Zehner **Lernsoftware 1** Thema 61: Plus-Aufgaben bis 20
Aufg. 3 Additionsaufgaben bis 10 lösen	Wiederholung der Addition im Zahlenraum bis 10 s. Diagnosetest 4
Aufg. 4 – 5 Zahl 10 zerlegen / Ergänzen	**Fördern 1 – Karteikarten** 54 und 55: Ergänzen zur 10 **Fördern 1 – Arbeitsheft**, Seite 37: Ergänzen zur 10 **Inklusionsmaterialien** **Heft B3:** Seite 4 und 5: Zerlegungen der Zahlen 2 bis 10
Aufg. 6 Zahlenmauern bis 20 lösen	
Fragen zur genauen Beobachtung	• Erkennt das Kind bei einer Darstellung der Aufgaben an den Rechenschiffen bzw. am Rechenstreifen die Analogie (z. B. zwischen 13 + 4 und 3 + 4) und kann diese zum Lösen der Aufgabe im zweiten Zehner nutzen? • Kennt das Kind die Aufgaben und Zahlzerlegungen der Zahlen bis 10 auswendig oder bestimmt es diese zählend?

© Bildungshaus Schulbuchverlage

Name: Datum:

1

12 + 4 = ___ 13 + 5 = ___ 16 + 3 = ___

11 + 4 = ___ 15 + 5 = ___ 11 + 7 = ___

2

3 + 15 = ___ 4 + 12 = ___ 5 + 15 = ___

2 + 13 = ___ 6 + 11 = ___ 7 + 13 = ___

3

3 + 6 = ___ 7 + 2 = ___ 2 + 5 = ___

5 + 4 = ___ 1 + 9 = ___ 8 + 0 = ___

8 + 2 = ___ 2 + 5 = ___ 0 + 7 = ___

4

1 + ___ = 10 3 + ___ = 10 5 + ___ = 10

6 + ___ = 10 2 + ___ = 10 9 + ___ = 10

5

2 + ___ = 8 4 + ___ = 5 5 + ___ = 6

5 + ___ = 7 3 + ___ = 9 1 + ___ = 4

6

	___	
___		___
12	3	2

	___	
___		___
4	1	13

Hinweise zu Diagnosetest 15

Addieren über die 10 (nach Schulbuchseite 93)

Kompetenzen	Fördermaßnahmen und Fördermaterialien
Aufg. 1 – 3 Additionsaufgaben mit Überschreiten lösen	• Eigene Lösungswege bei Additionsaufgaben mit Überschreiten nutzen (Schrittweises Addieren, Verdoppeln oder Tipp für die 9). • Bildlich dargestellte Additionsaufgaben mit Rechenschiffen handelnd lösen. • Additionsaufgaben schrittweise an der Beilage „Rechenstreifen" lösen und am Rechenstrich notieren. **Fördern 1 – Karteikarten** 56 bis 59: Addieren mit Überschreiten **Fördern 1 – Arbeitsheft**, Seite 38 bis 41: Addieren mit Überschreiten **Inklusionsmaterialien** **Heft B3:** Seite 6 bis 13 und 24: Schrittweises Addieren Seite 26: Zehnerübergang beim Addieren erkennen **Kopiervorlagen** KV 92 und 93: Schrittweise addieren **Lernsoftware 1** Thema 51: Plus-Aufgaben mit Zehnerübergang
Aufg. 4 Zahlenmauern mit Überschreiten lösen	**Kopiervorlagen** KV 115 und 116: Zahlenmauern
Aufg. 5 Sechser-Pack lösen	zum Knobeln: **Fordern 1 – Karteikarten** 28 bis 31: Sechser-Pack **Fordern 1 – Arbeitsheft**, Seite 18 und 19: Sechser-Pack
Fragen zur genauen Beobachtung	• Benötigt das Kind Material zur Lösung der Aufgaben oder zählt es? • Nutzt es Rechenstrategien, auch flexibel in Abhängigkeit von den konkreten Zahlen (z. B. Tipp für die 9)?

© Bildungshaus Schulbuchverlage

Name: Datum:

1

8 + 8 = ____ 5 + 5 = ____ 6 + 6 = ____

8 + 9 = ____ 5 + 6 = ____ 6 + 7 = ____

8 + 7 = ____ 5 + 4 = ____ 6 + 5 = ____

2

5 + 7 = ____ 4 + 8 = ____ 7 + 4 = ____

9 + 4 = ____ 6 + 8 = ____ 8 + 3 = ____

3

6 + 9 = ____ 4 + 9 = ____ 9 + 9 = ____

2 + 9 = ____ 9 + 3 = ____ 7 + 9 = ____

4

8	4	3

4	2	9

5

6, 3, 4, 8

____ + ____ = 7
____ + ____ = 9
____ + ____ = 10
____ + ____ = 11
____ + ____ = 12
____ + ____ = 14

9, 5, 7, 10

____ + ____ = 12
____ + ____ = 14
____ + ____ = 15
____ + ____ = 16
____ + ____ = 17
____ + ____ = ____

Hinweise zu Diagnosetest 16

Bis 20 subtrahieren (nach Schulbuchseite 105)

Kompetenzen	Fördermaßnahmen und Fördermaterialien
Aufg. 1 Analogie zwischen dem ersten und zweiten Zehner nutzen	• Subtraktionsaufgaben handelnd und zeichnerisch lösen mit Rechenschiffen und Wendeplättchen. • Subtraktionsaufgaben an der Beilage „Rechenstreifen“ mit zwei Stiften zeigen und lösen. **Fördern 1 – Karteikarten** 60: Wie heißt die Minus-Aufgabe? **Fördern 1 – Arbeitsheft**, Seite 43: Analoge Minus-Aufgaben **Inklusionsmaterialien** **Heft B2:** Seite 21 und 22: Analogieaufgaben bei Minus-Aufgaben Seite 23: Analogieaufgaben bei Plus- und Minus-Aufgaben Seite 26, 27 und 29: Übungen zum Subtrahieren **Heft B3:** Seite 14: Wiederholung: Subtrahieren **Kopiervorlagen** KV 101: Subtrahieren im zweiten Zehner KV 102: Addieren und Subtrahieren **Lernsoftware 1** Thema 62: Minus-Aufgaben bis 20
Aufg. 2 – 4 Subtraktionsaufgaben mit Überschreiten lösen	• Bildlich dargestellte Additionsaufgaben mit Rechenschiffen handelnd lösen. • Subtraktionsaufgaben schrittweise an der Beilage „Rechenstreifen“ lösen und am Rechenstrich notieren. **Fördern 1 – Karteikarte** 62 bis 64: Subtrahieren mit Überschreiten **Fördern 1 – Arbeitsheft**, Seite 46 bis 49: Subtrahieren mit Überschreiten **Inklusionsmaterialien** **Heft B3:** Seite 16 bis 23 und 25: Schrittweises Subtrahieren Seite 27: Zehnerübergang beim Subtrahieren erkennen **Kopiervorlagen** KV 98: Schrittweise subtrahieren KV 99: Übungen (Addieren und Subtrahieren) **Lernsoftware 1** Thema 52: Minus-Aufgaben mit Zehnerübergang
Aufg. 5 Aufgaben im Minus-Segel lösen und Aufgabenfolgen fortsetzen	• Aufgaben im Poster „Minus-Segel“ zeigen.
Aufg. 6 Minus-Trauben mit Überschreiten lösen	
Fragen zur genaueren Beobachtung	• Erkennt das Kind bei einer Darstellung der Aufgaben an den Rechenschiffen die Analogie (z. B. zwischen 17 – 4 und 7 – 4) und kann diese zum Lösen der Aufgabe im zweiten Zehner nutzen? • Kennt das Kind die Subtraktionsaufgaben zur 10 (z. B. 14 – 4, 15 – 5, …) auswendig? • Kennt das Kind die Subtraktionsaufgaben von 10 (10 – __) auswendig oder bestimmt es diese zählend oder an den Rechenschiffen?

© Bildungshaus Schulbuchverlage

Name: **Datum:**

1

18 − 4 = _____ 15 − 3 = _____ 18 − 6 = _____

19 − 3 = _____ 17 − 4 = _____ 20 − 5 = _____

2

14 − 4 = _____ 12 − 2 = _____ 15 − 5 = _____

14 − 6 = _____ 12 − 7 = _____ 15 − 8 = _____

3

14 − 8 = _____ 12 − 3 = _____ 13 − 5 = _____

15 − 7 = _____ 11 − 4 = _____ 16 − 7 = _____

4

16 − 9 = _____ 14 − 9 = _____ 16 − 8 = _____

13 − 9 = _____ 11 − 8 = _____ 15 − 9 = _____

5

14 − 7 =
15 − 7 =

10 − 9 =
11 − 9 =

16 − 5 =
17 − 5 =

6

Körper (nach Schulbuchseite 111)

Kompetenzen	Fördermaßnahmen und Fördermaterialien
Aufg. 1 Körper aus der Umwelt nach ihren Eigenschaften unterscheiden	• Die Kinder suchen in ihrer Umwelt Gegenstände, die rollen, stehen oder beides können. • Rollen: Auf einer abschüssigen Bahn probieren, welche Gegenstände rollen. • Spiel mit Fühlsäckchen: „Suche einen Gegenstand heraus, der rollen kann!" • Gegenstände bestimmten geometrischen Körpern zuordnen. **Geometrie 1/2 – Karteikarte** 34: Körper-Eigenschaften **Geometrie 1/2 – Arbeitsheft**, Seite 18: Körper in unserer Umwelt **Inklusionsmaterialien** **Heft B4:** Seite 28 und 29: Körper kennen lernen Seite 30 und 31: Körpereigenschaften
Aufg. 2 – 3 Körper als Schablone nutzen	**Geometrie 1/2 – Karteikarten** 35 bis 37: 35: „Kunstwerke" mit Körpern gemalt 36: Körper aus der Umwelt als Schablonen 37: Körper als Schablonen **Geometrie 1/2 – Arbeitsheft**, Seite 17: Körper als Schablone
Fragen zur genaueren Beobachtung	• Unterscheidet das Kind die verschiedenen Körper? • Erkennt es die Eigenschaften oder probiert es aus? • Kann das Kind Gegenstände aus der Umwelt den Körpern zuordnen? • Kann das Kind Körper und Alltagsgegenstände Formen zuordnen, die es damit zeichnen kann (Körper als Schablone)?

© Bildungshaus Schulbuchverlage

1 Verbinde.

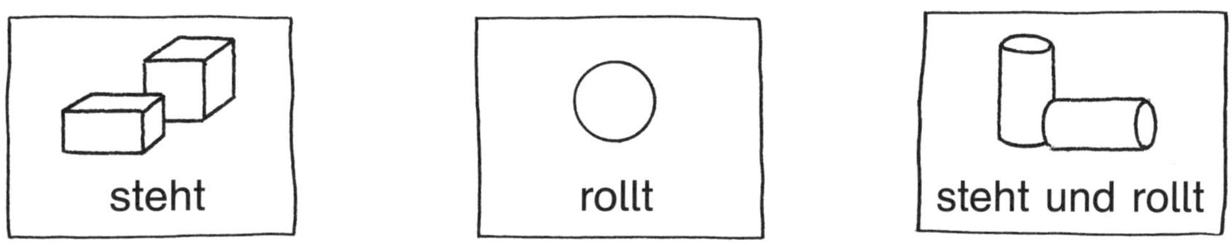

2 Körper als Schablonen. Verbinde.

3 Körper als Schablonen. Verbinde.

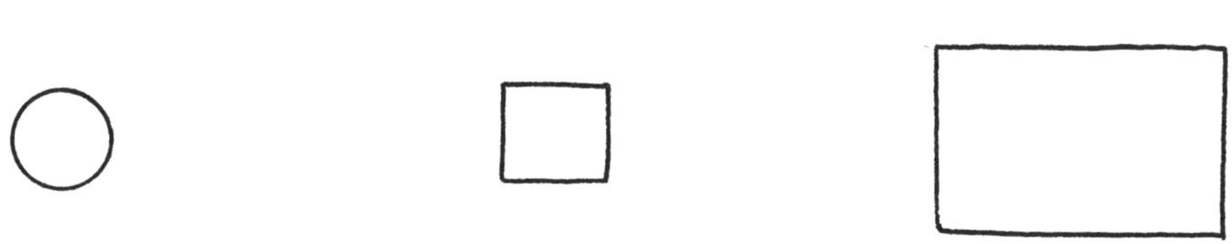

Sachrechnen (nach Schulbuchseite 115)

Kompetenzen	Fördermaßnahmen und Fördermaterialien
Aufg. 1 – 4 Zu Rechengeschichten eine passende Skizze zeichnen, Lösung und Antwort aufschreiben	• Zu Wimmelbildern und Einzelbildern Rechengeschichten finden und erzählen. • Zu vorgegebenen Skizzen Rechengeschichten finden und erzählen. • Zu Rechengeschichten Skizzen zeichnen. **Sachrechnen und Größen 1 – Karteikarten** 25 bis 28 und 31 bis 36: 25 bis 28: Sammeln 31: Im Kaufhaus 32: Tipp: Fragen – Lösen – Antworten 33 bis 36: Einkaufen **Sachrechnen und Größen 1 – Arbeitsheft**, Seite 21 bis 22 und 25 bis 32: Seite 21: Im Kaufhaus Seite 22: Beim Bäcker Seite 25 und 26: Kaufhaus-Geschichten Seite 27 und 28: Viele Einkäufe Seite 29 bis 32: Klassenfest **Lernsoftware 1** Thema 83: Sachaufgaben
Fragen zur genaueren Beobachtung	• Kann das Kind passende Skizzen zu den Rechengeschichten erstellen? Beachtet es dabei alle relevanten Angaben? Enthalten die Skizzen (viele) Details, die nicht zur Aufgabenlösung benötigt werden?

© Bildungshaus Schulbuchverlage

1 _____ Kinder spielen Ball. _____ Kinder kommen dazu.

F Wie viele Kinder sind es dann?

L _____ + _____ = _____

A _____ Kinder sind es dann.

2 Max hat vier grüne Murmeln und acht blaue Murmeln.

F Wie viele Murmeln hat Max?

L ______________________________

A _____ Murmeln hat Max.

3 Zehn Kinder spielen miteinander. Drei Kinder gehen nach Hause.

F Wie viele Kinder sind noch da?

L ______________________________

A _____ Kinder sind noch da.

4 Marie macht eine Kette. Immer drei Perlen grün, zwei Perlen blau.

F Welche Farbe hat die 14. Perle?

L

A Die 14. Perle ist ______________.

Hinweise zu Diagnosetest 19

Bis 20 flexibel rechnen (nach Schulbuchseite 123)

Kompetenzen	Fördermaßnahmen und Fördermaterialien
Aufg. 1 – 2 Subtraktionsaufgaben lösen durch Abziehen oder Ergänzen	• Blick für Minus-Aufgaben schulen: Minus-Aufgaben je nach Zahlen durch Abziehen oder Ergänzen lösen. Minuend und Subtrahend in Rechenschiffen vergleichen.
Aufg. 3 Dreigliedrige Additions- und Subtraktionsaufgaben geschickt mit Zahlenblick lösen	• Zahlen in der gleichen Farbe anmalen, die zuerst addiert werden. **Fördern 1 – Karteikarten** 72 bis 75: 72 und 73: Geschickt addieren 74 und 75: Dreigliedrige Aufgaben **Fördern 1 – Arbeitsheft**, Seite 55 und 56: Dreigliedrige Aufgaben **Kopiervorlagen** KV 93: Schrittweise addieren – 2 KV 97: Addieren von drei Zahlen
Aufg. 4 – 5 Aufgabenfolgen erkennen und fortsetzen, passende Regel finden	• Muster der Aufgabenfolgen deutlich herausarbeiten durch gleichfarbiges Anmalen der Zahlen, die untereinander stehen. **Fördern 1 – Arbeitsheft**, Seite 42 und 50: Wie geht es weiter? – Aufgabenfolgen **Inklusionsmaterialien** **Heft B3:** Seite 30 und 31: Aufgabenfolgen
Fragen zur genaueren Beobachtung	• Erkennt das Kind bei mehrgliedrigen Aufgaben, welche Zahlen geschickt (zur 10) miteinander kombiniert werden können? • Löst das Kind passende Subtraktionsaufgaben mit dem Ergänzen?

© Bildungshaus Schulbuchverlage

1

18 − 5 = ____ 17 − 6 = ____ 19 − 3 = ____

18 − 15 = ____ 17 − 16 = ____ 19 − 13 = ____

2

17 − 3 = ____ 16 − 3 = ____ 15 − 3 = ____

17 − 11 = ____ 16 − 15 = ____ 15 − 15 = ____

3

6 + 7 + 4 = ____ 11 − 6 − 1 = ____

5 + 8 + 5 = ____ 15 − 8 − 5 = ____

7 + 4 + 3 = ____ 14 − 7 − 4 = ____

4

9 + 6 = ____	12 + 4 = ____
8 + 6 = ____	11 + 4 = ____
7 + 6 = ____	10 + 4 = ____
____________	____________
____________	____________

5 Welche Regel passt zu Aufgabe 4? Kreuze an.

◯ Erste Zahl immer 1 weniger, zweite Zahl immer 1 mehr, Ergebnis immer gleich.

◯ Erste Zahl immer 1 mehr, zweite Zahl immer gleich, Ergebnis immer 1 mehr.

◯ Erste Zahl immer 1 weniger, zweite Zahl immer gleich, Ergebnis immer 1 weniger.

Hinweise zu Diagnosetest 20

Kalender / Uhr (nach Schulbuchseite 131)

Kompetenzen	Fördermaßnahmen und Fördermaterialien
Aufg. 1 – 2 Uhrzeiten einstellen: Zeiger bei vollen Stunden einzeichnen	• Übungen zum Einstellen von Uhrzeiten: Partnerarbeit mit Spieluhr oder Wecker: Ein Kind nennt eine Uhrzeit (volle Stunde), das andere Kind stellt diese ein. **Kopiervorlagen KV** 154: Uhrzeiten **Lernsoftware 1** Thema 82: Uhrzeit
Aufg. 3 Analoge Uhrzeiten ablesen, beide Uhrzeiten passend zum Zeigerstand eintragen	• Übungen zum Ablesen von Uhrzeiten: Partnerarbeit mit Spieluhr oder Wecker: Ein Kind stellt eine volle Stunde ein, das andere Kind nennt die beiden passenden Uhrzeiten. **Kopiervorlagen** KV 154: Uhrzeiten **Lernsoftware 1** Thema 82: Uhrzeit
Aufg. 4 Reihenfolge der Monate kennen	• Nur die Anfangsbuchstaben der Monate in der richtigen Reihenfolge aufschreiben. Das Kind nennt die Namen. **Kopiervorlagen** KV 156: Der Kalender
Aufg. 5 Reihenfolge der Wochentage kennen, Datum angeben	**Kopiervorlagen** KV 155: Drehscheibe – Wochentage
Fragen zur genaueren Beobachtung	• Kann das Kind zu einer eingestellten Uhrzeit jeweils beide passenden Zeitangaben (von 0 bis 12 Uhr und von 12 bis 0 Uhr) nennen? • Kann das Kind sicher die Monate der Reihenfolge nach nennen? Gelingt dies auch rückwärts (von Dezember bis Januar?)

© Bildungshaus Schulbuchverlage

Name: Datum:

1

6 Uhr

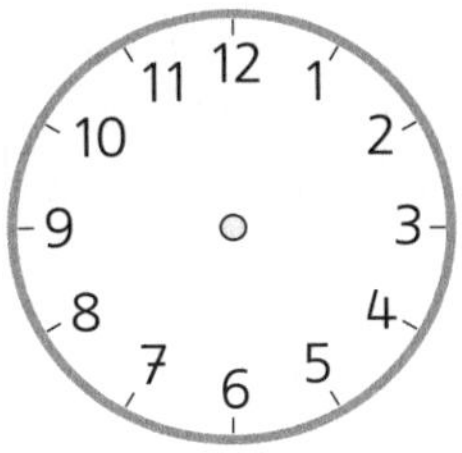

2 Uhr

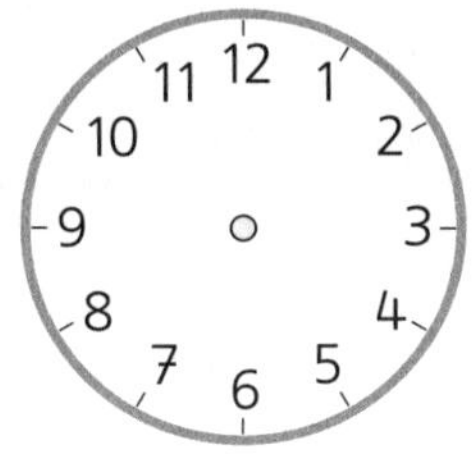

9 Uhr

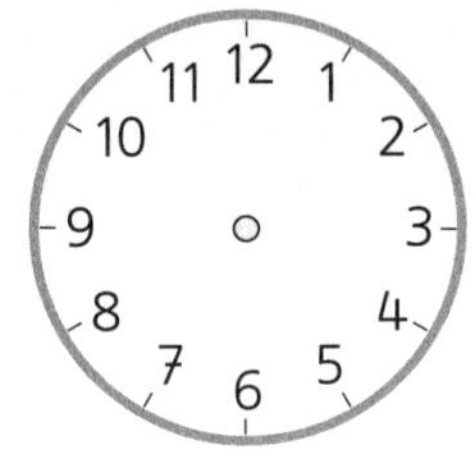

2

13 Uhr

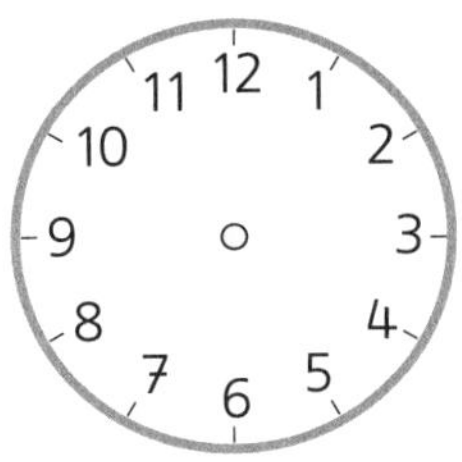

15 Uhr

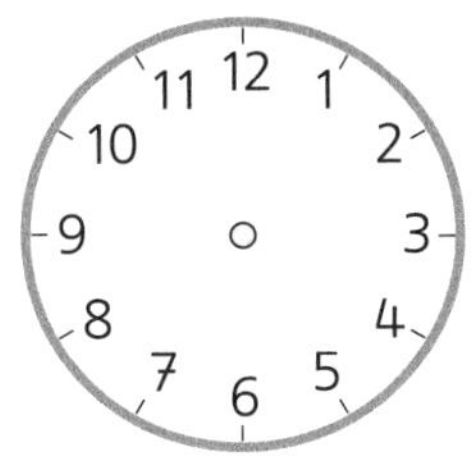

20 Uhr

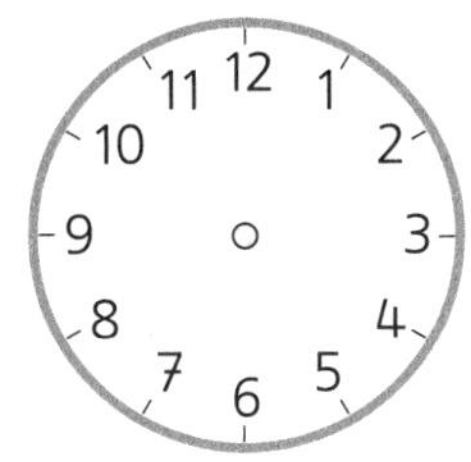

3

_____ Uhr

_____ Uhr

_____ Uhr

_____ Uhr

_____ Uhr

_____ Uhr

4 Welcher Monat kommt nach April? ____________________

Welcher Monat kommt nach Juli? ____________________

Welcher Monat kommt vor Juli? ____________________

5

vorgestern		_____ Juli
gestern		_____ Juli
heute	Di	4. Juli
morgen		_____ Juli
übermorgen		_____ Juli

Notizen

© Bildungshaus Schulbuchverlage

Allgemeine Hinweise zu den Lernerfolgskontrollen

Lernerfolgskontrollen dienen der Rückmeldung über den Unterrichtserfolg, sie sollen Auskunft über den Grad der Beherrschung der im Unterricht erworbenen Kompetenzen geben. Um eine differenzierte Rückmeldung über die Lernergebnisse und die Lernentwicklungen zu erhalten und diese zu dokumentieren, ist es notwendig, dass in den Lernerfolgskontrollen sowohl Aufgaben, deren Lösungen komplexe Kompetenzen erfordern, als auch Aufgaben zu einzelnen inhaltsbezogenen Kompetenzen angemessen berücksichtigt werden. Da die Überprüfung aller bisher erarbeiteten Kompetenzen den Rahmen einer Lernerfolgskontrolle sprengen würde, muss auf der Planungsebene zunächst eine sinnvolle Auswahl getroffen werden. Damit verbunden ist dann die Festlegung der Gewichtung und der Bewertung der Aufgaben. Daher stellt das Konzipieren von Lernerfolgskontrollen in Mathematik hohe Anforderungen an die Lehrkräfte.

Zur Erleichterung der Vorbereitung von Lernerfolgskontrollen sind in diesen Materialien *vier Arbeiten* zusammengestellt. Eine Parallelversion hierzu wird in den Lehrermaterialien (ISBN 978-3-507-04821-8) angeboten. Zusätzlich finden Sie im nachfolgenden Teil zu allen vier Lernerfolgskontrollen eine Fülle weiterer Bausteine in zwei parellelen Versionen, mit denen die vorgeschlagenen Arbeiten individuell angepasst oder erweitert werden können.
Die *Lösungen* sowohl der Lernerfolgskontrollen als auch der Bausteine können kostenfrei aus dem Internet unter www.grundschulklick.de heruntergeladen werden; geben Sie dazu „04825“ in die Suche ein.
Das Komplettpaket – d. h. beide Versionen der Lernerfolgskontrollen und Bausteine in editierbarer Form sowie sämtliche Lösungen – befindet sich auf der DVD Digitale Lehrermaterialien + E-Book (ISBN 978-3-507-04805-8).

Sowohl die Lernerfolgskontrollen als auch die Bausteine enthalten Aufgaben aus allen drei Anforderungsbereichen laut Bildungsstandards:
- **Anforderungsbereich I**: Reproduzieren
  Diese Aufgaben erfordern Grundwissen und das Ausführen von Routinetätigkeiten.
- **Anforderungsbereich II**: Zusammenhänge herstellen
  Diese Aufgaben verlangen das Erkennen und Nutzen von Zusammenhängen.
- **Anforderungsbereich III**: Verallgemeinern und Reflektieren
  Diese Aufgaben erfordern komplexe Tätigkeiten wie Strukturieren, Entwickeln von Strategien, Beurteilen und Verallgemeinern.

Der Hauptanteil in den einzelnen Lernerfolgskontrollen wird von Aufgaben aus dem Anforderungsbereich II gebildet, jede Lernerfolgskontrolle enthält aber auch Aufgaben aus dem Bereich des Reproduzierens (Anforderungsbereich I) und des Verallgemeinerns und Reflektierens (Anforderungsbereich III). Die Zuordnung der Aufgaben zu den drei Anforderungsbereichen ist der Übersicht vor jeder Lernerfolgskontrolle zu entnehmen. Hier findet die Lehrkraft außerdem Hinweise zur Korrektur sowie Vorschläge für die Punkteverteilung und Bewertung.
Die Lernerfolgskontrollen lassen sich durch die *Bausteine* individuell anpassen oder ergänzen. Auch die Bausteine bieten Aufgaben zu allen drei Anforderungsbereichen und werden immer in zwei Versionen (unterscheidbar an den Köpfen von Zahlix und Zahline in der Kopfzeile) vom gleichen Schwierigkeitsgrad angeboten. Aufgaben aus den Lernerfolgskontrollen können entfernt und durch Bausteine ersetzt werden, oder es können Bausteine eingefügt bzw. ergänzt werden. Das Anspruchsniveau einzelner Aufgaben – aber auch der ganzen Arbeit – kann so leicht verändert werden, eine wichtige Voraussetzung für die Anpassung an den Leistungsstand der jeweiligen Lerngruppe. Daneben besteht natürlich auch die Möglichkeit, selbst eine eigene Lernerfolgskontrolle in zwei Versionen aus den Bausteinen zusammenzustellen.
Der in den Korrekturhinweisen angegebene Bewertungsschlüssel kann nur als Vorschlag angesehen werden.

Hinweise zur Korrektur, Bewertung und Punkteverteilung (nach SB-Seite 36)

Nr.	Aufgabenhintergrund	Hinweise zu den Aufgaben	Punkteverteilung und Anforderungsbereiche		
			AB I	AB II	AB III
1	Zahlenreihe ergänzen	Für jede richtige Zahl 1 Punkt, die rechte Zahlenreihe gehört zum AB II	4	4	
2	Plus-Aufgaben in Bildern erkennen und lösen	Für jeden richtigen Rechensatz 1 Punkt, für jede richtige Lösung 1 Punkt	6		
3	Plus-Aufgaben lösen	Für jede richtige Lösung 1 Punkt	9		
4	Aufgaben zur Zerlegung (Zahlenfreunde) lösen	Für jede richtige Lösung 1 Punkt		13	
5	Plus-Aufgaben in Zahlenmauern lösen	Für jede richtige Lösungszahl 1 Punkt	4		
6	Operative Zusammenhänge in den Zahlenmauern erkennen und zum Rechnen nutzen	Für jede richtige Lösungszahl 1 Punkt, die beiden letzten Zahlenmauern gehören zum AB III		2	4
Summe: 46 Punkte			**23**	**19**	**4**

Bewertungsschlüssel für eine mögliche Notengebung

Punkte	Note	Prozente
46 – 45	1	100 – 97
44 – 39	2	96 – 85
38 – 32	3	84 – 70
31 – 23	4	69 – 50
22 – 12	5	49 – 25
11 – 0	6	24 – 0

© Bildungshaus Schulbuchverlage

Name: **Datum:**

1

8

2

______

______

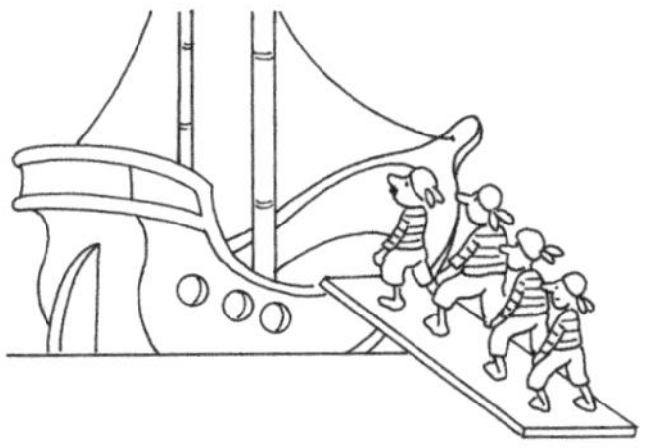

______

6

3

4 + 4 = ____
5 + 5 = ____
3 + 3 = ____

5 + 2 = ____
8 + 0 = ____
2 + 4 = ____

1 + 8 = ____
7 + 3 = ____
3 + 4 = ____

9

4

1 + ___ = 7 ______
2 + ___ = 7 ______
______ ______

1 + ___ = 8 ______
______ ______
______ ______
______

13

5

1	4

4	5

7	0

3	5

4

6

5	
2	

10	
	5

6	

6	

6

Du hast ____ Punkte von 46 Punkten erreicht.

Notizen

© Bildungshaus Schulbuchverlage

Hinweise zur Korrektur, Bewertung und Punkteverteilung

Nr.	Aufgabenhintergrund	Hinweise zu den Aufgaben	Punkteverteilung und Anforderungsbereiche		
			AB I	AB II	AB III
Anforderungsbereich I					
1	Zehn zerlegen	Für jede richtige Lösung 1 Punkt	3		
2	Addieren mit Rechenschiffen	Für jede richtige Lösung 1 Punkt	4		
3	Addieren	Für jede richtige Lösung 1 Punkt. Als Hilfe kann der Rechenstreifen angeboten werden.	9		
4	Aufgabe und Tauschaufgabe	Für jeden richtigen Rechensatz mit Lösung 1 Punkt	4		
	Rechenstreifen	Der Rechenstreifen kann als Hilfe angeboten werden.			
Anforderungsbereich II					
1	Zahlenreihe ergänzen	Für jede richtige gelöste Reihe 1 Punkt		6	
2	Dreigliedrige Plus-Aufgaben lösen	Für jede richtige Lösung 1 Punkt		6	
3	Ergänzungsaufgaben lösen (2. Summand fehlt)	Für jede richtige Lösung 1 Punkt		6	
4	Ergänzungsaufgaben lösen (1. Summand fehlt)	Für jede richtige Lösung 1 Punkt		6	
5	Zahlenmauern mit Lücken lösen (rechter Stein fehlt)	Für jede richtige Lösungszahl 1 Punkt		4	
6	Zahlenmauern mit Lücken lösen (linker Stein fehlt)	Für jede richtige Lösungszahl 1 Punkt		4	
Anforderungsbereich III					
1	Zahlenfolge fortsetzen	Für jede richtige Reihe 2 Punkte. Wird nach einer falschen Zahl entsprechend der Regel richtig weiter addiert, so gibt es dafür 1 Punkt.			6
2	Zahlenpaare finden. Im linken Feld gibt es noch 9 Paare, im rechten Feld noch 7 Paare.	Für jedes richtige Zahlenpaar 1 Punkt			16
3	Plus-Aufgaben lösen, Gesetzmäßigkeit erkennen und Päckchen fortsetzen.	Für jede richtige Lösung 1 Punkt. Für jede passende und richtig gelöste Folgeaufgabe 1 Punkt			12
4	Dreigliedrige Ergänzungsaufgaben lösen	Für jede richtige Lösung 1 Punkt			6

1

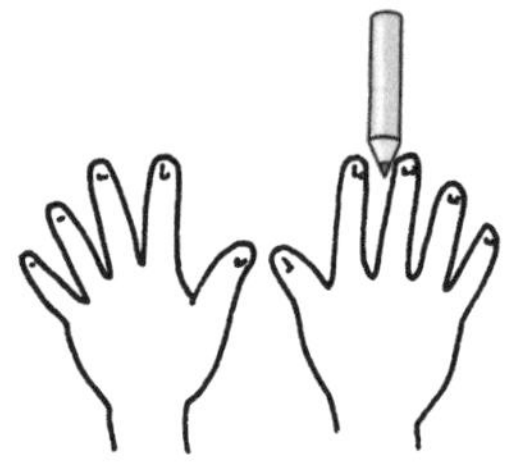

___ + ___ = ___

___ + ___ = ___

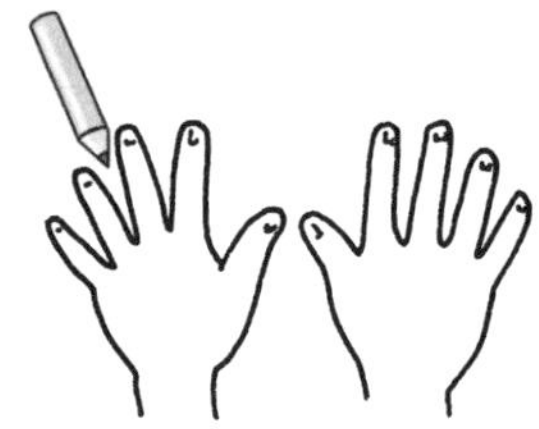

___ + ___ = ___

3

2

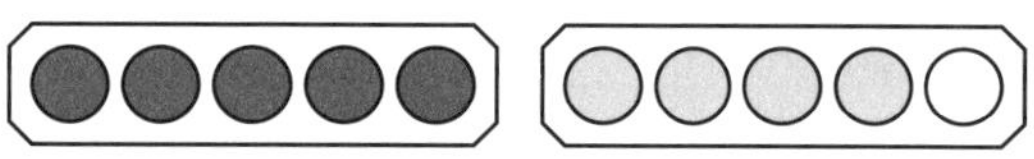

___ + ___ = ___

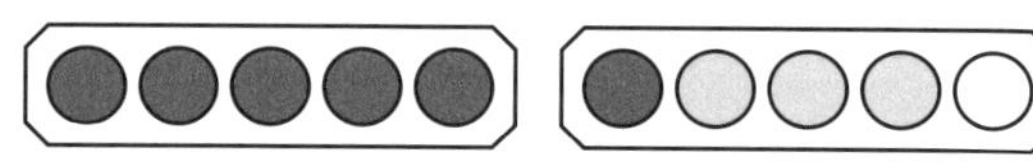

___ + ___ = ___

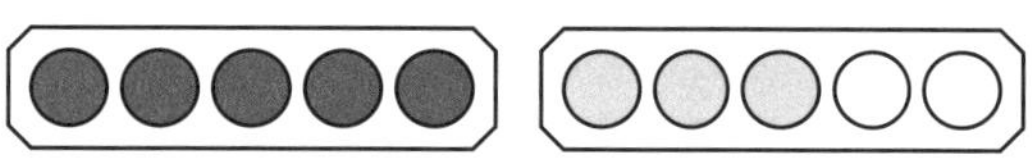

___ + ___ = ___

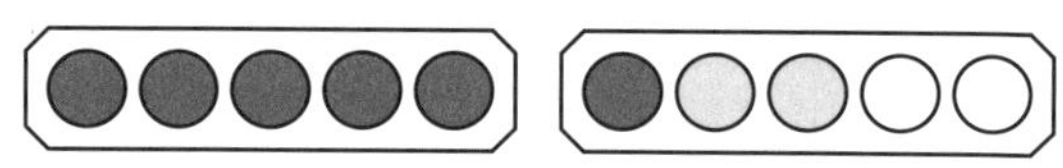

___ + ___ = ___

4

3

5 + 4 = ___
5 + 2 = ___
5 + 3 = ___

4 + 3 = ___
3 + 2 = ___
7 + 3 = ___

2 + 4 = ___
4 + 4 = ___
3 + 6 = ___

9

4

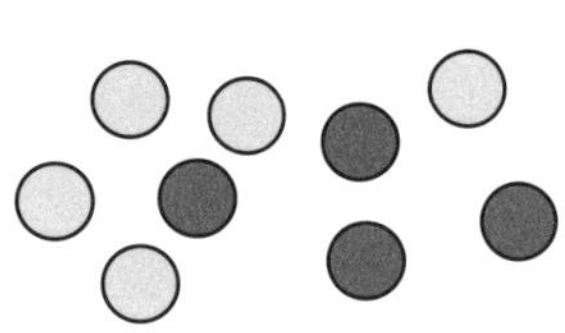

___ + ___ = ___
___ + ___ = ___

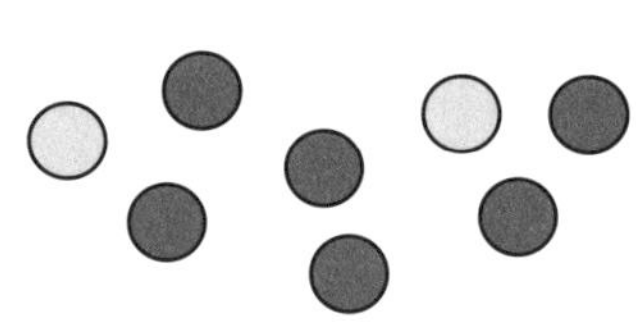

___ + ___ = ___
___ + ___ = ___

4

Rechenstreifen

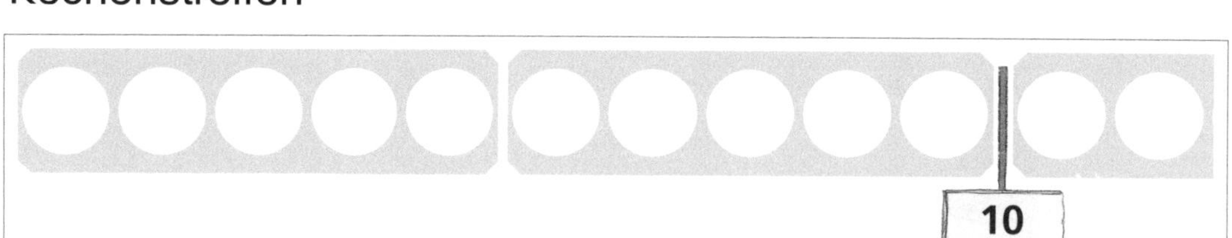

© Bildungshaus Schulbuchverlage

1

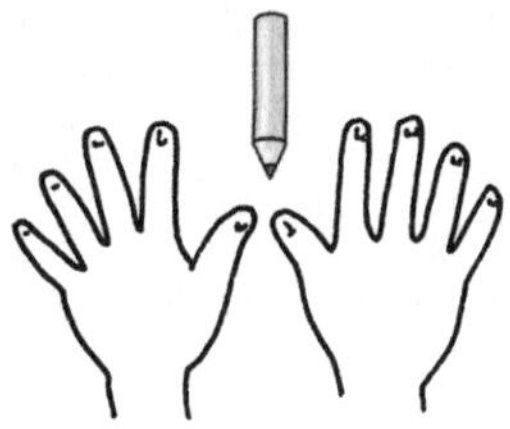

___ + ___ = ___

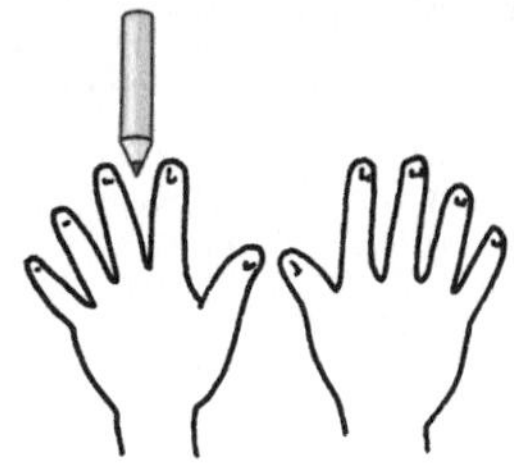

___ + ___ = ___

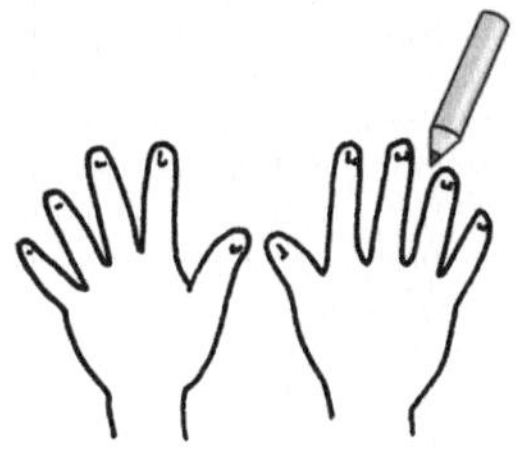

___ + ___ = ___

3

2

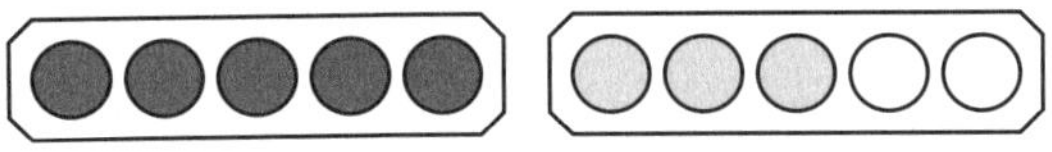

___ + ___ = ___

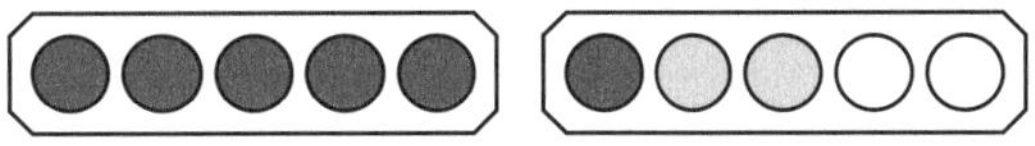

___ + ___ = ___

___ + ___ = ___

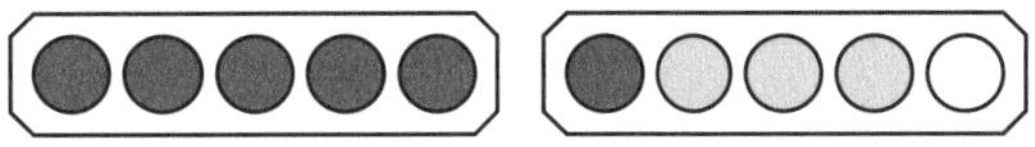

___ + ___ = ___

4

3

5 + 3 = ___
5 + 1 = ___
5 + 4 = ___

2 + 3 = ___
4 + 3 = ___
6 + 4 = ___

2 + 6 = ___
3 + 3 = ___
4 + 5 = ___

9

4

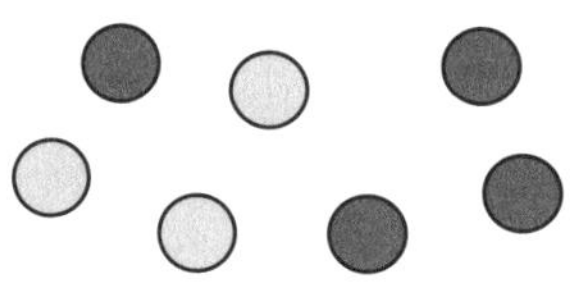

___ + ___ = ___
___ + ___ = ___

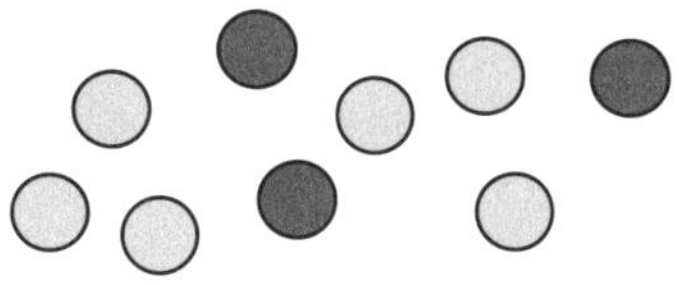

___ + ___ = ___
___ + ___ = ___

4

Rechenstreifen

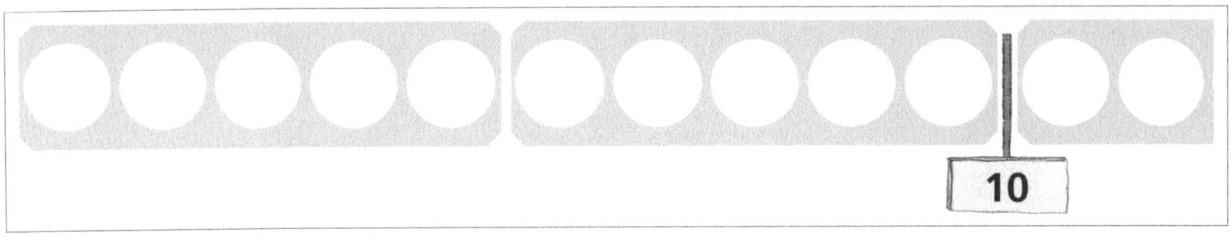

Bausteine zur Lernerfolgskontrolle 1

1

			7	8
		8		
	3			

				11
			6	
				12

6

2

4 + 4 + 1 = ____
6 + 0 + 2 = ____
2 + 5 + 3 = ____

4 + 4 + 2 = ____
3 + 1 + 3 = ____
0 + 6 + 4 = ____

6

3

1 + ____ = 5
3 + ____ = 5

4 + ____ = 7
2 + ____ = 7

5 + ____ = 10
7 + ____ = 10

6

4

____ + 1 = 6
____ + 0 = 6

____ + 4 = 8
____ + 5 = 9

____ + 8 = 8
____ + 4 = 9

6

5

8	
4	

7	
4	

10	
6	

9	
6	

4

6

6	
	2

8	
	5

7	
	2

9	
	4

4

© Bildungshaus Schulbuchverlage

1

			6	7
				10
		7		
			5	
				12
	5			

6

2

3 + 3 + 2 = ____

1 + 5 + 4 = ____

7 + 0 + 2 = ____

4 + 1 + 4 = ____

3 + 3 + 4 = ____

6 + 0 + 3 = ____

6

3

3 + ____ = 6

1 + ____ = 6

5 + ____ = 8

4 + ____ = 8

6 + ____ = 10

5 + ____ = 10

6

4

____ + 1 = 5

____ + 0 = 5

____ + 4 = 7

____ + 7 = 7

____ + 5 = 9

____ + 3 = 9

6

5

Oben	Unten links	Unten rechts
6	3	
7	3	
8	5	
7	2	

4

6

Oben	Unten links	Unten rechts
10		6
9		5
8		2
9		6

4

Bausteine zur Lernerfolgskontrolle 1

1 0, 2, 4, ____, ____, ____, ____

13, 12, 11, ____, ____, ____, ____

1, 3, 5, ____, ____, ____, ____

6

2 Zwei Zahlen, zusammen immer 9.

4	7	9	9	6	4
5	3	0	6	9	5
2	6	4	1	5	4
8	1	2	6	7	8
9	0	7	1	8	2
1	5	4	7	5	7

Zwei Zahlen, zusammen immer 10.

5	8	4	5	5	3
3	2	1	4	7	6
7	6	7	9	2	8
2	8	6	3	7	4
3	9	5	5	9	1
8	5	7	4	6	5

16

3 4 + 4 = ____

4 + 5 = ____

4 + 6 = ____

4 + 7 = ____

3 + 3 = ____

3 + 4 = ____

3 + 5 = ____

____

2 + 2 = ____

____

____

____

12

4 5 + 3 + ____ = 10

4 + 2 + ____ = 9

3 + ____ + 3 = 10

4 + ____ + 2 = 8

____ + 3 + 1 = 7

____ + 5 + 2 = 10

6

© Bildungshaus Schulbuchverlage

1 1, 3, 5, ____, ____, ____, ____
14, 13, 12, ____, ____, ____, ____
0, 2, 4, ____, ____, ____, ____

6

2 Zwei Zahlen, zusammen immer 9.

4	7	9	9	5	4
5	8	3	6	9	0
2	6	4	1	6	4
4	1	2	6	7	5
9	0	7	3	8	1
1	3	4	5	2	7

Zwei Zahlen, zusammen immer 10.

5	8	4	3	6	2
3	2	1	4	4	7
7	6	7	9	2	8
2	8	6	2	7	3
3	9	1	5	2	1
5	5	7	9	6	9

16

3 2 + 2 = ____
2 + 3 = ____
2 + 4 = ____
2 + 5 = ____

3 + 3 = ____
3 + 4 = ____
3 + 5 = ____
____

4 + 4 = ____
____
____
____

12

4 3 + 4 + ____ = 10
2 + 3 + ____ = 9

4 + ____ + 4 = 10
3 + ____ + 2 = 8

____ + 4 + 1 = 7
____ + 3 + 2 = 10

6

Hinweise zur Korrektur, Bewertung und Punkteverteilung (nach SB-Seite 79)

Nr.	Aufgabenhintergrund	Hinweise zu den Aufgaben	Punkteverteilung und Anforderungsbereiche		
			AB I	AB II	AB III
1	Vorgänger und Nachfolger bestimmen	Für jede richtige Zeile 1 Punkt	6		
2	Minus-Aufgaben in Bildern erkennen und lösen	Für jeden richtigen Rechensatz 1 Punkt, für jede richtige Lösung 1 Punkt	6		
3	Minus-Aufgaben lösen	Für jede richtige Lösung 1 Punkt, die dreigliedrigen Aufgaben gehören zum AB II	6	3	
4	Pluminchen lösen	Für jedes richtige Pluminchen 3 Punkte, für jeden Fehler 1 Punkt Abzug		9	
5	Minus-Aufgaben mit verschiedenen Leerstellen lösen	Für jede richtige Lösung 1 Punkt		6	
6	Knobelaufgaben zum Rechnen mit Geld	Für jede richtige Zerlegung 2 Punkte			6
Summe: 42 Punkte			**18**	**18**	**6**

Bewertungsschlüssel für eine mögliche Notengebung

Punkte	Note	Prozente
42 – 41	1	100 – 97
40 – 36	2	96 – 85
35 – 29	3	84 – 70
28 – 21	4	69 – 50
20 – 11	5	49 – 25
10 – 0	6	24 – 0

© Bildungshaus Schulbuchverlage

Name: Datum:

1

V	Zahl	N
	4	
	17	

V	Zahl	N
	13	
	19	

V	Zahl	N
	10	
	18	

☐ 6

2

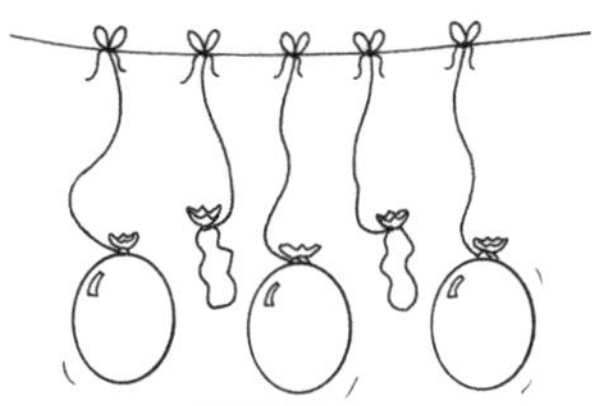

vorher ____

____

vorher ____

____

vorher ____

____

☐ 6

3

5 − 4 = ____
8 − 3 = ____
7 − 5 = ____

6 − 4 = ____
9 − 3 = ____
7 − 0 = ____

10 − 5 − 5 = ____
9 − 4 − 2 = ____
8 − 5 − 1 = ____

☐ 9

4

☐ 9

5

6 − ____ = 4
7 − ____ = 1

____ − 3 = 7
____ − 7 = 3

____ − 4 = 5
____ − 3 = 3

☐ 6

6

Mit 3.	Mit 4.	Mit 5.
5		

☐ 6

Du hast ____ Punkte von 42 Punkten erreicht.

Notizen

Hinweise zur Korrektur, Bewertung und Punkteverteilung

Nr.	Aufgabenhintergrund	Hinweise zu den Aufgaben	Punkteverteilung und Anforderungsbereiche		
			AB I	AB II	AB III
Anforderungsbereich I					
1	Gerade und ungerade Zahlen unterscheiden	Für jede richtig gefärbte Zahl 1 Punkt, für jede falsch gefärbte Zahl 1 Punkt Abzug	6		
2	Kleiner-größer-Beziehung	Für jedes richtige Zeichen 1 Punkt	12		
3	Subtrahieren mit Rechenschiffen	Für jede richtige Lösung 1 Punkt	4		
4	Minus-Aufgaben lösen	Für jede richtige Lösung 1 Punkt	9		
5	Einfache Minus-Trauben lösen	Für jede richtige Lösung 1 Punkt	4		
Anforderungsbereich II					
1	Ordnungszahlen	Für jede richtige Zahl 1 Punkt		3	
2	Passende Zahlenkarten färben, Zahlen vergleichen	Für jede richtig gefärbte bzw. ungefärbte Zahlenkarte 0,5 Punkte.		12	
3	Minus-Aufgaben lösen, Aufgabenfolge aus dem Minus-Segel fortsetzen	Für jede richtige Lösung 1 Punkt, für jede passende und richtig gelöste Folgeaufgabe 1 Punkt		12	
4	Dreigliedrige Minus-Aufgaben lösen	Für jede richtige Lösung 1 Punkt		6	
5	Operative Zusammenhänge in den Minus-Trauben zum Rechnen nutzen	Für jede richtige Lösungszahl 1 Punkt		4	
Anforderungsbereich III					
1	Zahleigenschaften nutzen, um Aufgaben mit geradem und ungeradem Ergebnis zu finden	Für jeden richtigen Rechensatz mit Lösung 1 Punkt.			4
2	Dreigliedrige Ergänzungsaufgaben lösen	Für jede richtige Lösung 1 Punkt			6
3	Minus-Trauben lösen, passende Zahlen selbstständig finden	Für jedes richtige Zahlenpaar 1 Punkt			4
4	Minus-Trauben lösen, passende Zahlen selbstständig finden	Für jedes richtige Zahlenpaar 1 Punkt			4
5	Rechnen und Knobeln mit Zahlenkarten: Aus den Zahlenkarten passende dreigliedrige Aufgaben bilden, dabei jede Zahlenkarte nur einmal benutzen.	Für jeden richtig gelösten Rechensatz 2 Punkte			6

Bausteine zur Lernerfolgskontrolle 2

1 Färbe alle geraden Zahlen.

9 14 17 6 5 10 20 11 3 8 2 13 18

6

2 Kleiner (<) oder größer (>)?

5 ◯ 3	12 ◯ 15	16 ◯ 6	19 ◯ 15
3 ◯ 6	20 ◯ 17	7 ◯ 17	15 ◯ 10
4 ◯ 8	18 ◯ 10	10 ◯ 20	21 ◯ 20

12

3

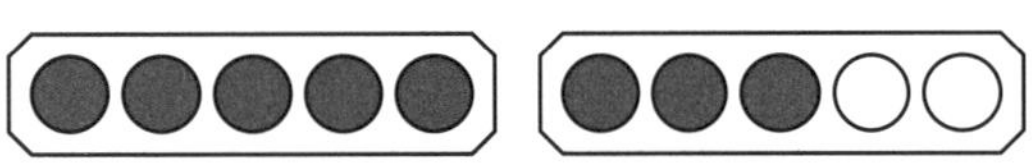

8 − 3 = ____

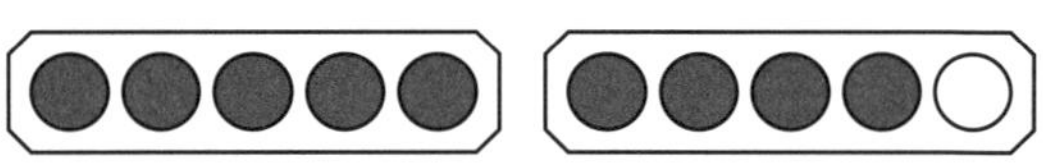

9 − 5 = ____

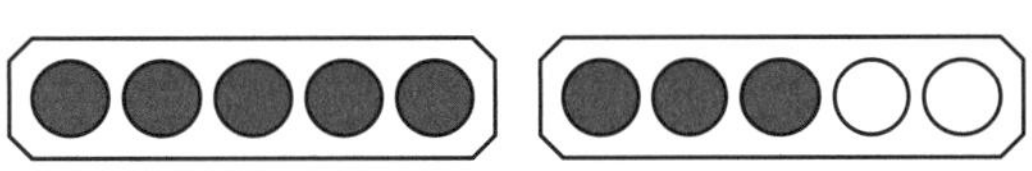

8 − 5 = ____

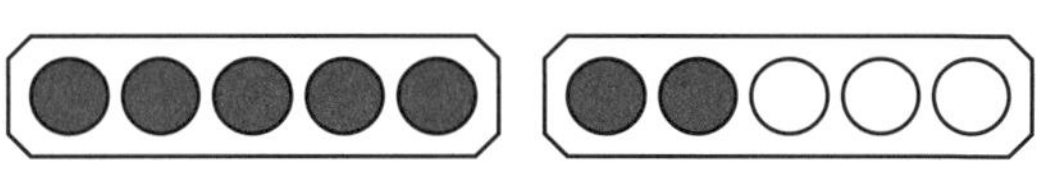

7 − 4 = ____

4

4

5 − 2 = ____	10 − 6 = ____	8 − 3 = ____
6 − 5 = ____	6 − 4 = ____	7 − 6 = ____
8 − 6 = ____	7 − 7 = ____	9 − 2 = ____

9

5

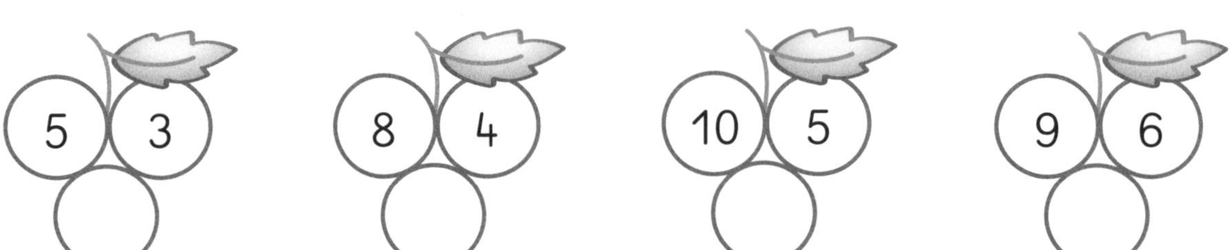

4

© Bildungshaus Schulbuchverlage

Bausteine zur Lernerfolgskontrolle 2

1 Färbe alle geraden Zahlen.

3 | 10 | 11 | 8 | 2 | 13 | 20 | 12 | 7 | 4 | 5 | 16 | 19

/ 6

2 Kleiner (<) oder größer (>) ?

5 ○ 7	12 ○ 10	4 ○ 14	10 ○ 15
9 ○ 6	11 ○ 17	16 ○ 6	15 ○ 20
4 ○ 1	18 ○ 20	8 ○ 18	20 ○ 21

/ 12

3

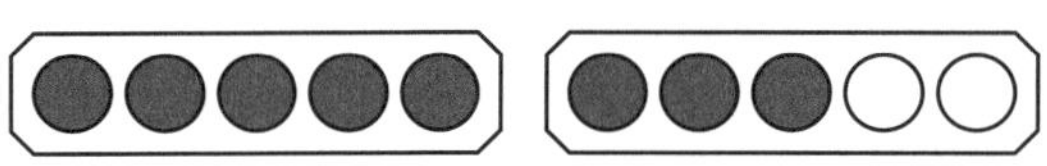

8 − 5 = ____

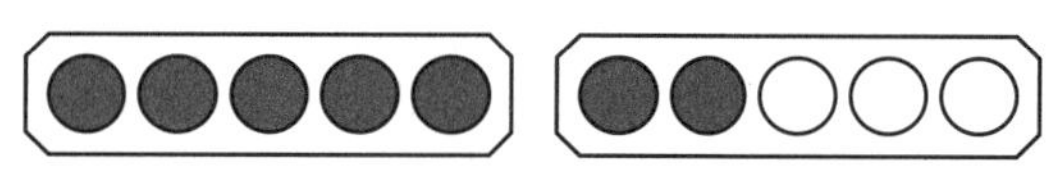

7 − 3 = ____

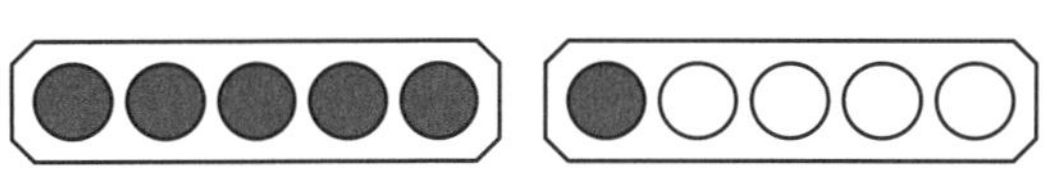

6 − 4 = ____

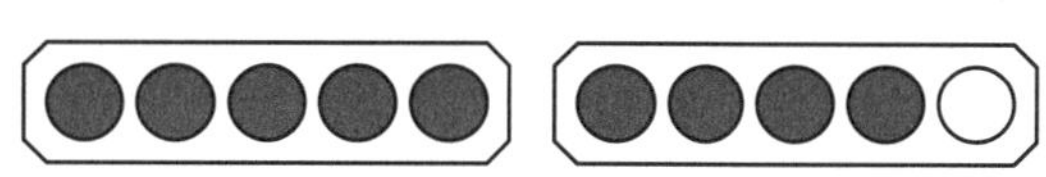

9 − 4 = ____

/ 4

4

5 − 3 = ____	10 − 5 = ____	6 − 6 = ____
7 − 6 = ____	8 − 2 = ____	5 − 4 = ____
9 − 2 = ____	9 − 3 = ____	7 − 4 = ____

/ 9

5

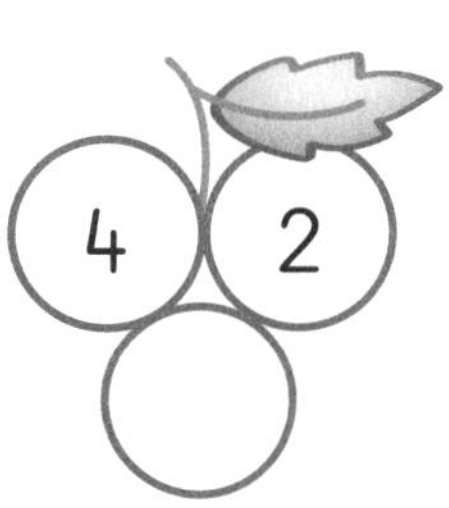

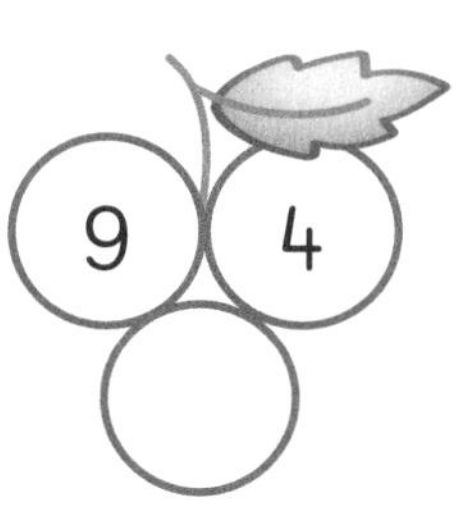

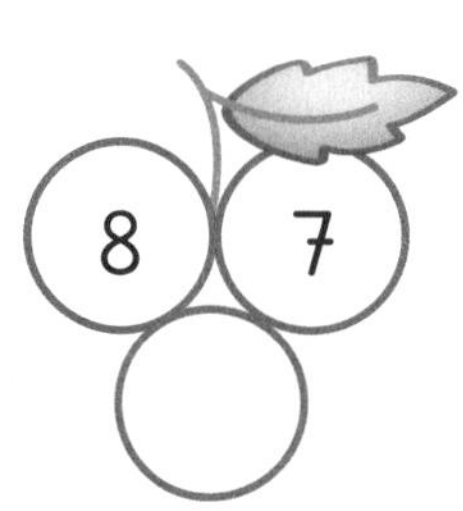

/ 4

Bausteine zur Lernerfolgskontrolle 2

1 Richtige Reihenfolge.

1. ____ ____ ____

3

2 Färbe passende Zahlenkarten.

14 < ☐ 11 15 18 12 20 8

7 > ☐ 4 17 10 0 6 13

14 17 9 13 6 3 ☐ > 12

7 17 20 23 3 13 ☐ < 18

12

3

5 − 4 = ____
6 − 4 = ____
7 − 4 = ____
____

7 − 5 = ____
8 − 5 = ____
9 − 5 = ____
____

3 − 3 = ____
4 − 3 = ____
____
____

12

4

8 − 3 − 2 = ____
10 − 4 − 5 = ____
9 − 5 − 2 = ____

5 − 2 − 3 = ____
13 − 10 − 1 = ____
17 − 7 − 3 = ____

6

5

4

© Bildungshaus Schulbuchverlage

1 Richtige Reihenfolge.

1. ___ ___ ___

3

2 Färbe passende Zahlenkarten.

13 < ☐ 12 14 19 9 11 20

8 > ☐ 5 18 0 10 6 12

2 18 10 8 16 15 ☐ > 11

20 5 15 2 22 12 ☐ < 19

12

3

7 − 4 =	6 − 5 =	6 − 6 =
8 − 4 =	7 − 5 =	7 − 6 =
9 − 4 =	8 − 5 =	

12

4

9 − 3 − 2 = ___ 8 − 2 − 4 = ___

10 − 5 − 4 = ___ 12 − 10 − 1 = ___

4 − 1 − 3 = ___ 16 − 6 − 4 = ___

6

5

4

Bausteine zur Lernerfolgskontrolle 2

1 Schreibe immer zwei Plus-Aufgaben.

Das Ergebnis soll ungerade sein.

___ + ___ = ___

___ + ___ = ___

Das Ergebnis soll gerade sein.

___ + ___ = ___

___ + ___ = ___

☐ 4

2 10 − ___ − 3 = 1

8 − ___ − 5 = 2

9 − ___ − 4 = 3

10 − ___ − ___ = 3

10 − ___ − ___ = 4

10 − ___ − ___ = 5

☐ 6

3

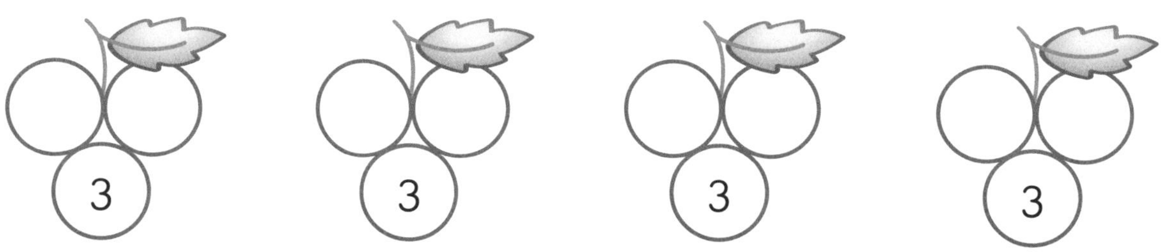

☐ 4

4

☐ 4

5 Nimm immer drei Zahlen. Benutze jede Zahl **nur einmal**.

2 3 4 5 6 7 8 9 ~~10~~

10 − ☐ − ☐ = 0

☐ − ☐ − ☐ = 0

☐ − ☐ − ☐ = 0

☐ 6

© Bildungshaus Schulbuchverlage

Bausteine zur Lernerfolgskontrolle 2

1 Schreibe immer zwei Plus-Aufgaben.

Das Ergebnis soll gerade sein.

____ + ____ = ____

____ + ____ = ____

Das Ergebnis soll ungerade sein.

____ + ____ = ____

____ + ____ = ____

☐ 4

2

10 − ____ − 3 = 2

9 − ____ − 5 = 1

8 − ____ − 4 = 3

10 − ____ − ____ = 2

10 − ____ − ____ = 6

10 − ____ − ____ = 4

☐ 6

3

☐ 4

4

☐ 4

5 Nimm immer drei Zahlen. Benutze jede Zahl **nur einmal**.

2 | 3 | 4 | 5 | 6 | 7 | ~~8~~ | 9 | 10

8 − ☐ − ☐ = 0

☐ − ☐ − ☐ = 0

☐ − ☐ − ☐ = 0

☐ 6

Hinweise zur Korrektur, Bewertung und Punkteverteilung (nach SB-Seite 105)

Nr.	Aufgabenhintergrund	Hinweise zu den Aufgaben	Punkteverteilung und Anforderungsbereiche		
			AB I	AB II	AB III
1	Plus-Aufgaben lösen	Für jede richtige Lösung 1 Punkt	6		
2	Minus-Aufgaben lösen	Für jede richtige Lösung 1 Punkt	6		
3	Minus-Aufgaben lösen, Aufgabenfolge aus dem Minus-Segel fortsetzen	Für jede richtige Lösung 1 Punkt, für jede passende und richtig gelöste Folgeaufgabe 1 Punkt		12	
4	Regel ergänzen	Für jeden richtig ergänzten Textteil 1 Punkt			3
5	Zahlenmauern lösen	Für jede richtige Lösungszahl 1 Punkt. Die erste Zahlenmauer gehört zum AB I.	3	6	
6	Sechser-Pack lösen	Für jede richtige Lösung 1 Punkt, für das Notieren der fehlenden Zahlenkarten 1 Punkt	6	7	8
		Summe: 57 Punkte	**21**	**25**	**11**

Bewertungsschlüssel für eine mögliche Notengebung

Punkte	Note	Prozente
57 – 55	1	100 – 97
54 – 48	2	96 – 85
47 – 40	3	84 – 70
39 – 29	4	69 – 50
28 – 14	5	49 – 25
13 – 0	6	24 – 0

© Bildungshaus Schulbuchverlage

Name: **Datum:**

1

11 + 5 = ____ 8 + 8 = ____ 6 + 7 = ____

6 + 12 = ____ 9 + 5 = ____ 4 + 8 = ____

6

2

17 − 5 = ____ 13 − 4 = ____ 14 − 9 = ____

18 − 10 = ____ 11 − 8 = ____ 17 − 7 = ____

6

3

17 − 3 = ____	16 − 10 = ____	11 − 6 = ____
18 − 3 = ____	17 − 10 = ____	12 − 6 = ____
19 − 3 = ____	18 − 10 = ____	____
____	____	____

12

4

Regel **3**

Erste Zahl immer ______________________,

zweite Zahl immer ______________________,

Ergebnis immer ______________________.

3

5

☐	20	18
☐ ☐	☐ 9	☐ ☐
6 5 3	8 ☐ ☐	0 7 ☐

9

6

___ + ___ = 9	___ + ___ = 9	___ + ___ = 3
___ + ___ = 11	___ + ___ = 13	___ + ___ = 6
___ + ___ = 13	___ + ___ = 14	___ + ___ = 9
___ + ___ = 14	___ + ___ = 15	___ + ___ = 13
___ + ___ = 16	___ + ___ = 16	___ + ___ = 16
___ + ___ = 18	___ + ___ = 20	___ + ___ = 19

Zettel: 6, 10, 3, 8 | 4, 11, 5, ☐ | 13, 3, ☐, ☐

21

Du hast ____ Punkte von 57 Punkten erreicht.

Notizen

Hinweise zur Korrektur, Bewertung und Punkteverteilung

Nr.	Aufgabenhintergrund	Hinweise zu den Aufgaben	Punkteverteilung und Anforderungsbereiche		
			AB I	AB II	AB III
Anforderungsbereich I					
1	Plus- und Minus-Aufgaben im 2. Zehner lösen	Für jede richtige Lösung 1 Punkt	6		
2	Neuner-Trick bei Minus-Aufgaben	Für jede richtige Lösung 1 Punkt	6		
3	Verdoppeln	Für jede richtige Lösung 1 Punkt	6		
4	Pluminchen lösen	Für jedes richtige Pluminchen 2 Punkte	6		
5	Zahlenmauern lösen	Für jede richtige Lösungszahl 1 Punkt	9		
6	Minus-Trauben lösen	Für jede richtige Lösung 1 Punkt	9		
Anforderungsbereich II					
1	Aufgaben im Minus-Segel lösen und ergänzen	Für jede richtige Lösung 1 Punkt, für jede passende und richtig gelöste Folgeaufgabe 1 Punkt		12	
2	Ergänzen mit Überschreiten	Für jede richtige Lösung 1 Punkt		9	
3	Pluminchen lösen	Für jedes richtige Pluminchen 2 Punkte		6	
4	Ergänzen in dreigliedrigen Aufgaben	Für jede richtige Lösung 1 Punkt		6	
5	Minus-Trauben lösen	Für jede richtige Lösungszahl 1 Punkt		9	
6	Plus- und Minus-Aufgaben lösen, Kleiner-Größer-Gleich-Beziehung erkennen	Für jede richtige Zuordnung 1 Punkt		6	
Anforderungsbereich III					
1	Aufgaben im Minus-Segel lösen und ergänzen	Für jede richtige Lösung 1 Punkt, für jede passende und richtig gelöste Folgeaufgabe 1 Punkt			9
2	Ergänzen in dreigliedrigen Aufgaben mit gemischten Rechenoperationen	Für jede richtige Lösung 1 Punkt			6
3	Verschiedene Minus-Trauben zu den Vorgaben finden, Zahlen variieren	Für jede richtig gelöste Minus-Traube 3 Punkte			9
4	Zahlenmauern lösen	Für jede richtige Lösungszahl 1 Punkt			9
5	Aus den Zahlenkarten passende dreigliedrige Aufgaben bilden	Für jede richtige Lösung 2 Punkte			6

Bausteine zur Lernerfolgskontrolle 3

1

17 + 2 = ____ 16 + 4 = ____ 15 + 3 = ____

17 − 2 = ____ 16 − 4 = ____ 15 − 3 = ____

6

2

12 − 9 = ____ 13 − 9 = ____ 16 − 9 = ____

12 − 10 = ____ 13 − 10 = ____ 16 − 10 = ____

6

3

4 + 4 = ____ 7 + 7 = ____ 6 + 6 = ____

8 + 8 = ____ 9 + 9 = ____ 5 + 5 = ____

6

4

6

5

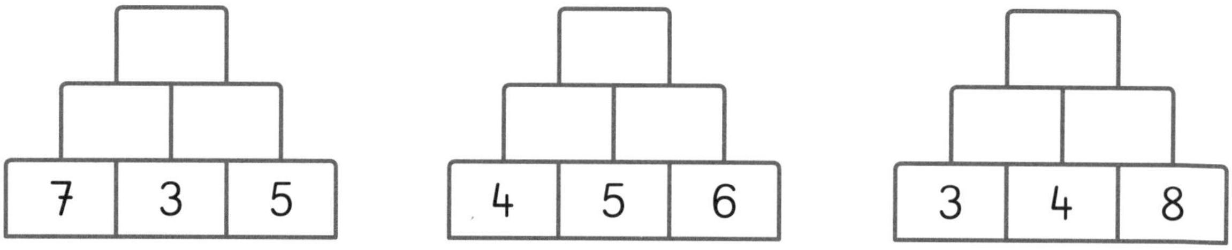

9

6

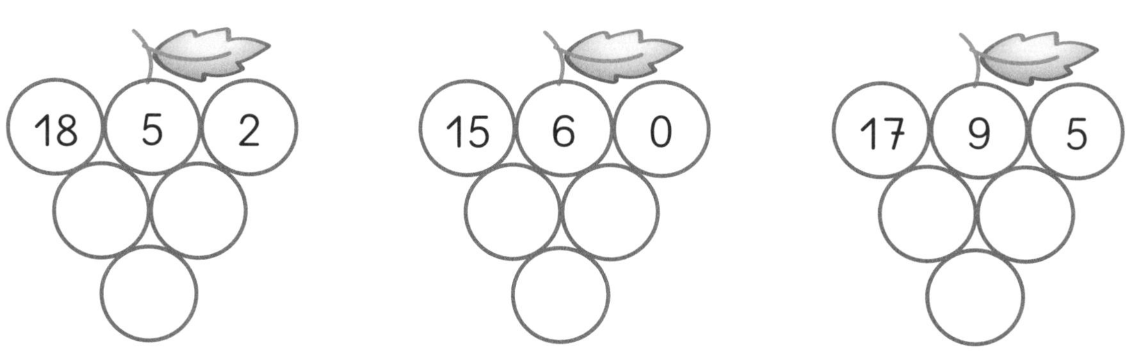

9

© Bildungshaus Schulbuchverlage

Bausteine zur Lernerfolgskontrolle 3

1
18 + 2 = ____ 14 + 3 = ____ 15 + 4 = ____
18 − 2 = ____ 14 − 3 = ____ 15 − 4 = ____ 6

2
16 − 9 = ____ 17 − 9 = ____ 14 − 9 = ____
16 − 10 = ____ 17 − 10 = ____ 14 − 10 = ____ 6

3
6 + 6 = ____ 8 + 8 = ____ 4 + 4 = ____
5 + 5 = ____ 7 + 7 = ____ 9 + 9 = ____ 6

4

6

5

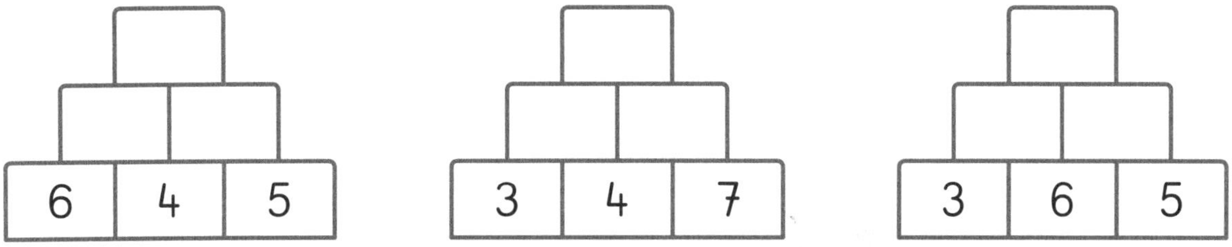

9

6

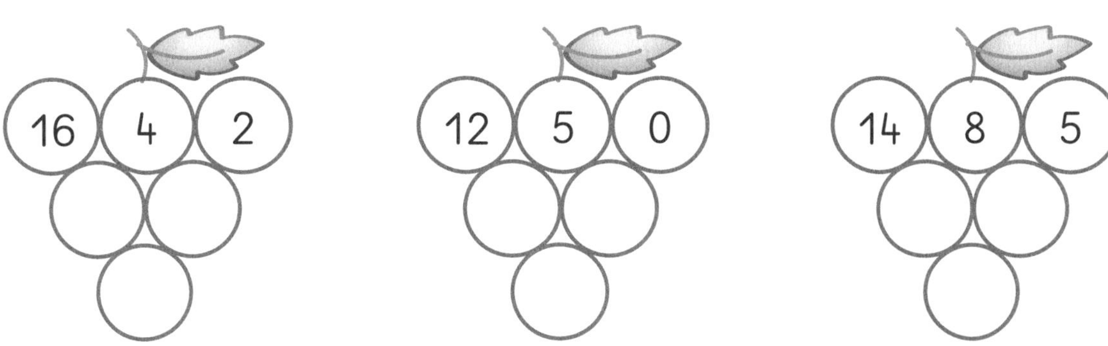

9

1

16 − 5 = ____ 16 − 6 = ____ 16 − 7 = ____ ____

12 − 5 = ____ 12 − 6 = ____ ____ ____

15 − 7 = ____ ____ ____ ____

☐ 12

2

14 − ____ = 7	5 + ____ = 12	14 − ____ = 8
15 − ____ = 9	7 + ____ = 13	8 + ____ = 16
13 − ____ = 8	9 + ____ = 17	12 − ____ = 9

☐ 9

3

☐ 6

4

12 − ____ − 5 = 3	3 + ____ + 4 = 15	11 − ____ − 2 = 0
15 − ____ − 7 = 5	6 + ____ + 2 = 13	5 + ____ + 3 = 11

☐ 6

5

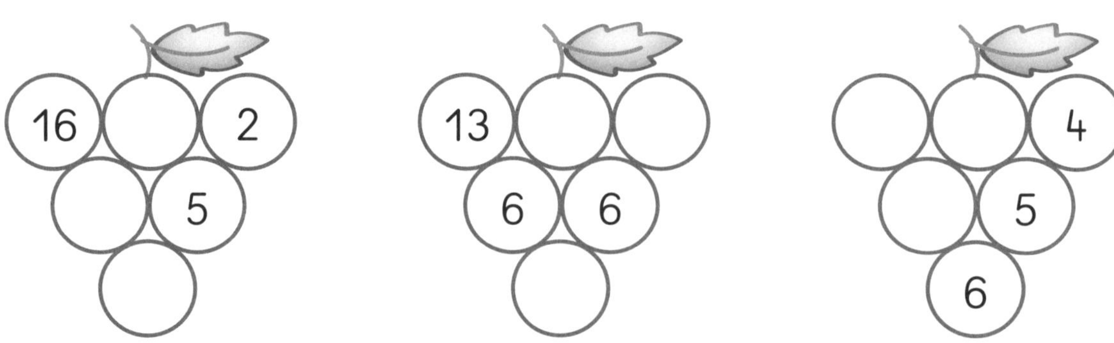

☐ 9

6 Setze ein: (<), (>), (=).

5 + 6 ◯ 12	4 + 9 ◯ 13	7 + 9 ◯ 15
10 − 5 ◯ 8	16 − 7 ◯ 8	8 + 8 ◯ 16

☐ 6

© Bildungshaus Schulbuchverlage

1

15 − 3 = ____ 15 − 4 = ____ 15 − 5 = ____ ____

13 − 5 = ____ 13 − 6 = ____ ____ ____

14 − 7 = ____ ____ ____ ____

☐ 12

2

15 − ____ = 8 4 + ____ = 12 12 − ____ = 4

14 − ____ = 9 6 + ____ = 13 7 + ____ = 14

12 − ____ = 6 8 + ____ = 17 11 − ____ = 7

☐ 9

3

☐ 6

4

13 − ____ − 5 = 2 7 + ____ + 2 = 14 12 − ____ − 5 = 0

16 − ____ − 7 = 5 4 + ____ + 3 = 15 6 + ____ + 3 = 11

☐ 6

5

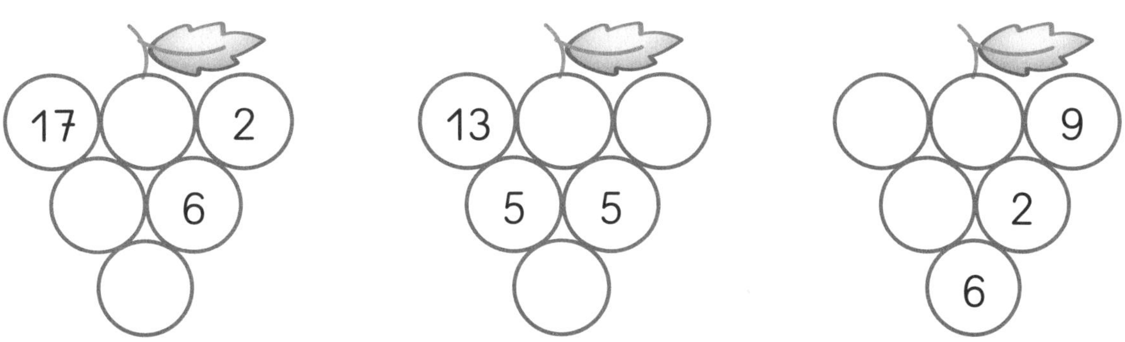

☐ 9

6 Setze ein: (<), (>), (=).

5 + 7 ◯ 12 4 + 9 ◯ 14 7 + 6 ◯ 15

14 − 5 ◯ 8 16 − 8 ◯ 8 9 + 9 ◯ 17

☐ 6

1

14 − 4 = ____ 14 − 5 = ____ ____

____ 15 − 5 = ____ ____

____ ____ 16 − 6 = ____

/9

2

16 − ____ + 4 = 10 5 + ____ − 3 = 9 6 − ____ + 8 = 11

13 − ____ + 2 = 8 6 + ____ − 2 = 12 8 − ____ + 6 = 13

/6

3

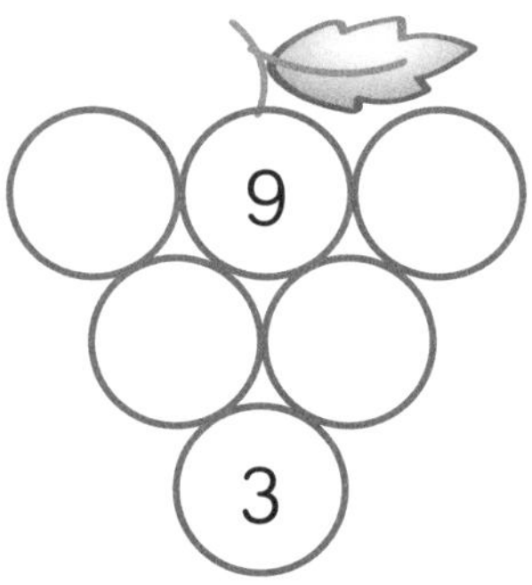

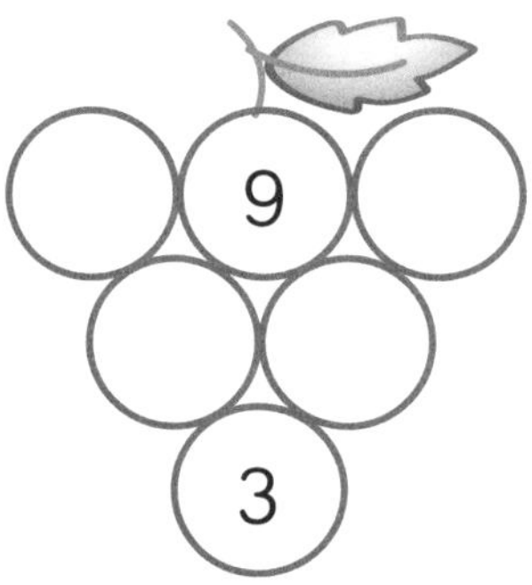

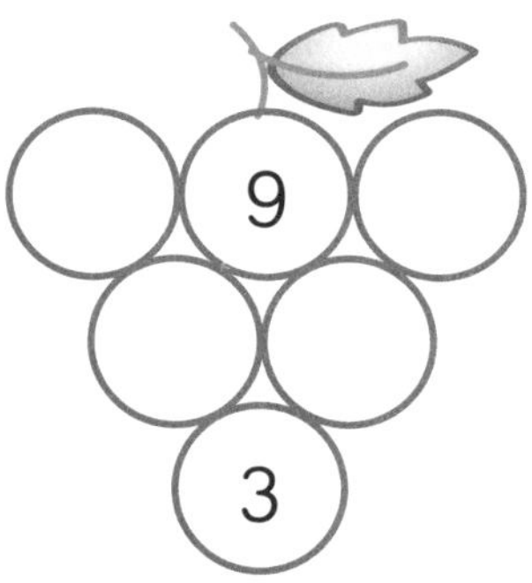

/9

4

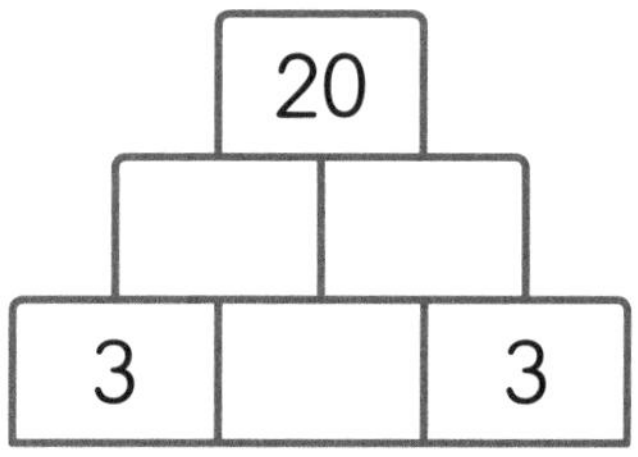

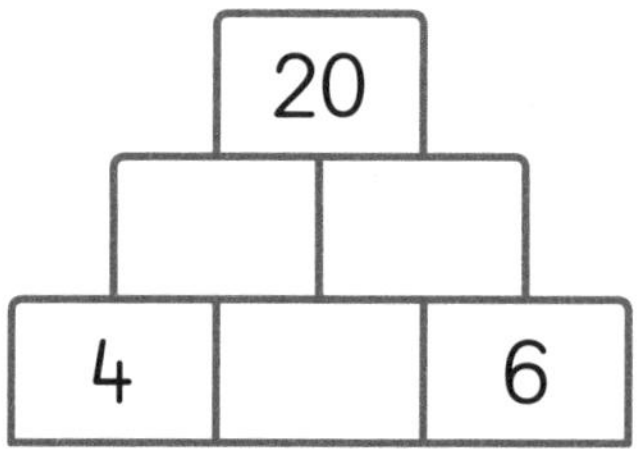

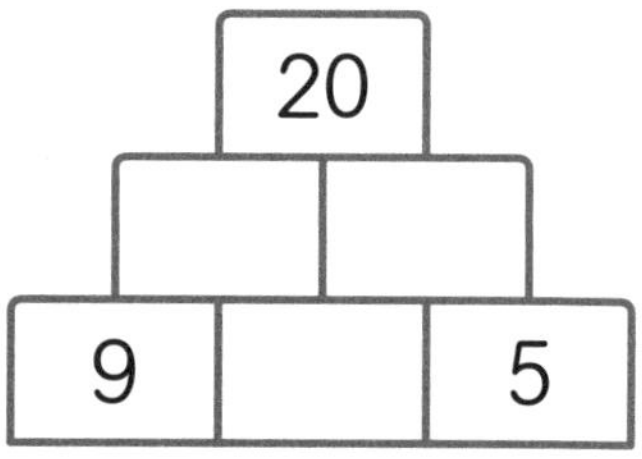

/9

5 Nimm immer drei Zahlen. Benutze jede Zahl **nur einmal**.

[1] [2] [3] [5] [6] [7] [~~9~~] [10] [11]

[9] − [ ] + [ ] = 8

[ ] − [ ] + [ ] = 8

[ ] − [ ] + [ ] = 8

/6

© Bildungshaus Schulbuchverlage

Bausteine zur Lernerfolgskontrolle 3

1

13 − 3 = ____	13 − 4 = ____	____
____	14 − 4 = ____	____
____	____	15 − 5 = ____

9

2

17 − ____ + 3 = 10   4 + ____ − 3 = 9   7 − ____ + 8 = 11

15 − ____ + 2 = 8   7 + ____ − 2 = 12   9 − ____ + 5 = 12

6

3

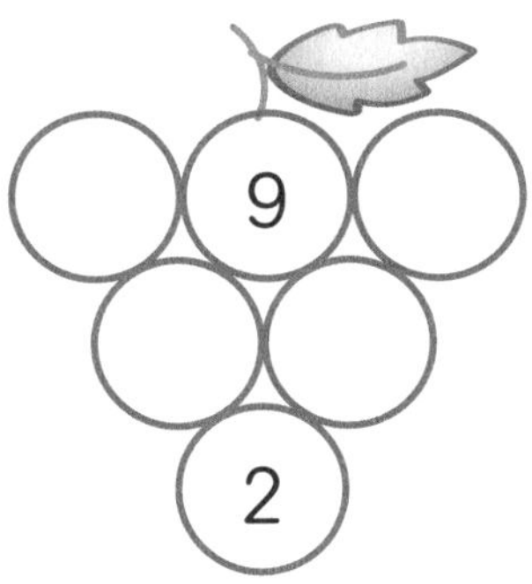

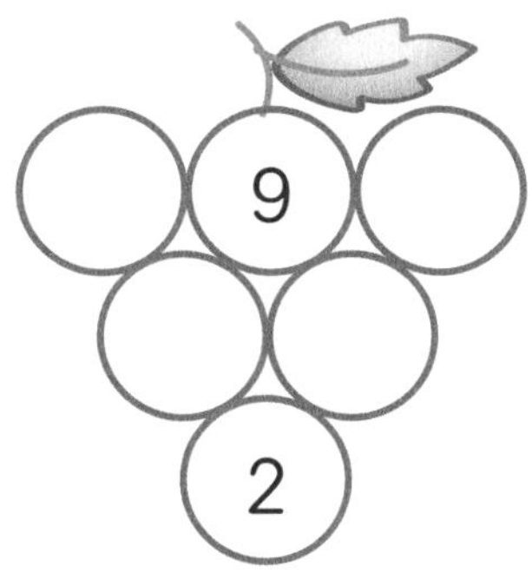

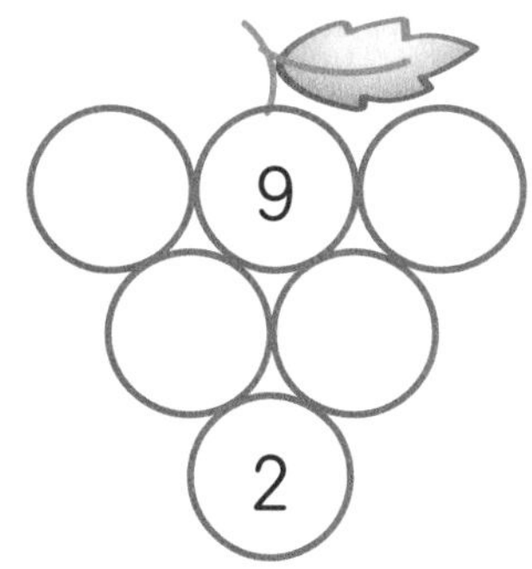

9

4

	20	
4		4

	20	
3		7

	20	
8		6

9

5 Nimm immer drei Zahlen. Benutze jede Zahl **nur einmal**.

2 3 4 6 7 8 ~~10~~ 11 12

10 − ☐ + ☐ = 9

☐ − ☐ + ☐ = 9

☐ − ☐ + ☐ = 9

6

Hinweise zur Korrektur, Bewertung und Punkteverteilung (nach SB-Seite 126)

Nr.	Aufgabenhintergrund	Hinweise zu den Aufgaben	Punkteverteilung und Anforderungsbereiche		
			AB I	AB II	AB III
1	Lagebezeichnungen anwenden und Grundformen in entsprechenden Farben malen	Für die richtige Lage jeweils 1 Punkt, für die richtige Form in richtiger Farbe jeweils 1 Punkt	10		
2	Minus-Aufgaben lösen	Für jede richtige Lösung 1 Punkt	6		
3	Plus-Aufgaben lösen, Aufgabenfolge fortsetzen und Regel formulieren	Für jede richtige Lösung 1 Punkt, für jede passende und richtig gelöste Folgeaufgabe 1 Punkt. Die Fortsetzung gehört zum AB II, die Regel gehört zum AB III.	3	2	3
4	Dreigliedrige Aufgaben lösen	Für jede richtige Lösung 1 Punkt. Das letzte Päckchen gehört zum AB III.		6	3
5	Rechentürme ausfüllen und Gesetzmäßigkeit erkennen	Für jeden richtigen Turm 2 Punkte, für die richtige Antwort in der Sprechblase 1 Punkt		9	
6	Körper im komplexen Gebäude erkennen und Anzahlen bestimmen	Für jede richtige Anzahl 1 Punkt		4	
7	Daten in Lückentext einfügen, Sachaufgabe lösen	Für jede richtige Ergänzung im Lückentext 1 Punkt, für die richtige Gleichung mit dem richtigen Ergebnis 2 Punkte, für die richtige Antwort 1 Punkt	5		
8	Daten in Lückentext einfügen, die Summe der Preise dabei im Kopf bestimmen, Sachaufgabe lösen	Für die erste Ergänzung im Lückentext 1 Punkt, für die richtige Summe der Preise 2 Punkte, für die richtige Gleichung mit dem richtigen Ergebnis 2 Punkte, für die richtige Antwort 1 Punkt		6	
		Summe: 57 Punkte	**24**	**27**	**6**

Bewertungsschlüssel für eine mögliche Notengebung

Punkte	Note	Prozente
57 – 55	1	100 – 97
54 – 48	2	96 – 85
47 – 40	3	84 – 70
39 – 29	4	69 – 50
28 – 14	5	49 – 25
13 – 0	6	24 – 0

© Bildungshaus Schulbuchverlage

1 Male.

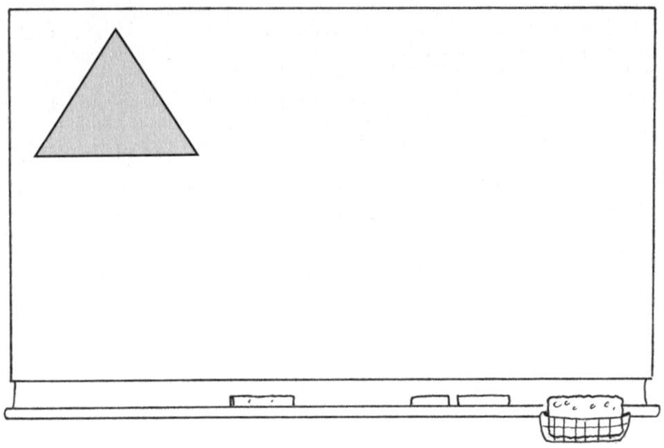

oben links:	blaues Dreieck
unten rechts:	blaues Viereck
unten Mitte:	roter Kreis
oben rechts:	rotes Viereck
oben Mitte:	gelbes Dreieck
unten links:	gelber Kreis

10

2 15 − 14 = ____ 19 − 12 = ____ 15 − 13 = ____

16 − 13 = ____ 17 − 11 = ____ 18 − 14 = ____

6

3

7 + 6 = ____

8 + 7 = ____

9 + 8 = ____

____

____

Regel:

Erste Zahl immer ______________________,

zweite Zahl immer ______________________,

Ergebnis immer ______________________.

8

4 7 + 9 + 3 = ____ 14 − 4 − 9 = ____ 12 + 6 − 2 = ____

6 + 4 + 8 = ____ 16 − 8 − 6 = ____ 14 − 7 + 7 = ____

5 + 2 + 8 = ____ 13 − 6 − 3 = ____ 17 + 6 − 7 = ____

9

5

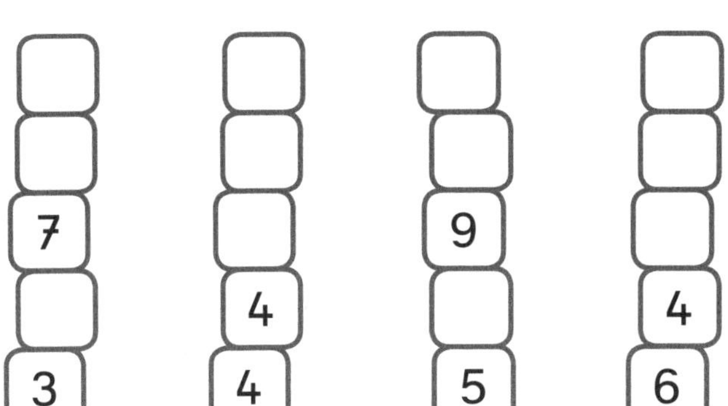

9

Name: **Datum:**

6 Wie viele sind es?

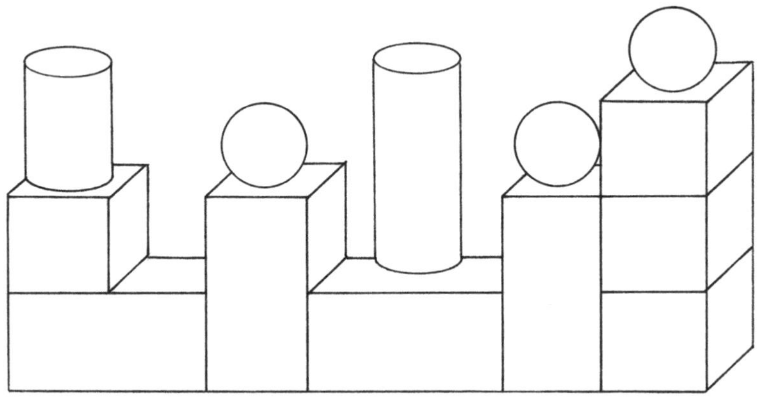

Quader: ___,

davon Würfel: ___

Kugeln: ___

Zylinder: ___

4

7

Lena hat ___ Euro. Sie zahlt ___ Euro.

F Wie viel Euro hat Lena noch?

L ______________________________

A ___ Euro hat Lena noch.

5

8

Max hat ___ Euro. Er zahlt ___ Euro.

F Wie viel Euro hat Max dann noch?

L ______________________________

A ______________________________

____

6

Du hast ____ Punkte von 57 Punkten erreicht.

Hinweise zur Korrektur, Bewertung und Punkteverteilung

Nr.	Aufgabenhintergrund	Hinweise zu den Aufgaben	Punkteverteilung und Anforderungsbereiche		
			AB I	AB II	AB III
Anforderungsbereich I					
1	Lagebeziehungen erkennen. Durchstreichen, was nicht passt.	Für jedes richtig durchgestrichene Bild 1 Punkt	7		
2	Minus-Aufgaben lösen	Für jede richtige Lösung 1 Punkt	6		
3	Sechser-Pack lösen	Für jede richtige Lösung 1 Punkt	12		
4	Skizze zeichnen, Sachaufgabe lösen	Für die richtige Skizze 1 Punkt, für die richtige Gleichung mit dem richtigen Ergebnis 2 Punkte, für die richtige Antwort 1 Punkt	4		
5	Skizze zeichnen, Sachaufgabe lösen	Für eine passende Skizze 1 Punkt, für die richtige Gleichung mit dem richtigen Ergebnis 2 Punkte, für die richtige Antwort 1 Punkt	4		
Anforderungsbereich II					
1	Muster erkennen und fortsetzen	Für jede richtige Form mit richtiger Färbung 1 Punkt		6	
2	Pluminchen lösen	Für jedes richtige Pluminchen 2 Punkte		6	
3	Minus-Aufgaben lösen, Aufgabenfolge aus dem Minus-Segel fortsetzen	Für jede richtige Lösung 1 Punkt, für jede passende und richtig gelöste Folgeaufgabe 1 Punkt		12	
4	Kleiner oder größer? Plus- und Minus-Aufgaben ausrechnen, Ergebnisse vergleichen, das richtige Zeichen setzen	Für jedes richtige Zeichen 1 Punkt. Wenn das Zeichen richtig gesetzt ist, aber ein Teilergebnis falsch ausgerechnet wurde, gibt es keinen Punkt. Teilergebnisse müssen nicht unbedingt notiert werden.		4	
Anforderungsbereich III					
1	Gesetzmäßigkeit erkennen und Rechentürme entsprechend ausfüllen	Für jeden richtigen Turm 2 Punkte			12
2	Sechser-Pack lösen	Für jede richtige Lösung 1 Punkt, für das Notieren der fehlenden Zahlenkarten 1 Punkt			16
3	Passende Rechenzeichen einsetzen	Für jede richtige Gleichung 1 Punkt			4
4	Alternierende Zahlenfolgen fortsetzen	Für jede richtige Zahl 1 Punkt. Wird nach einer falschen Zahl entsprechend der Regel richtig weiter addiert, gibt es dafür Teilpunkte.			8

1

oben links: 

oben rechts: 

unten links: 

unten rechts:  7

2 16 – 3 = ____ 12 – 5 = ____ 13 – 11 = ____

19 – 4 = ____ 16 – 8 = ____ 18 – 14 = ____ 6

3

12, 8, 3, 4

____ + ____ = 7
____ + ____ = 11
____ + ____ = 12
____ + ____ = 15
____ + ____ = 16
____ + ____ = 20

9, 11, 3, 8

____ + ____ = 11
____ + ____ = 12
____ + ____ = 14
____ + ____ = 17
____ + ____ = 19
____ + ____ = 20

12

4 Mia hat vier blaue Murmeln und drei schwarze Murmeln.

F Wie viele Murmeln hat Mia?

L ______________________________

A ____ Murmeln hat Mia. 4

5 Tom hat neun blaue Murmeln. Er verschenkt vier Murmeln.

F Wie viele Murmeln hat Tom noch?

L ______________________________

A ____ Murmeln hat Tom noch. 4

© Bildungshaus Schulbuchverlage

1

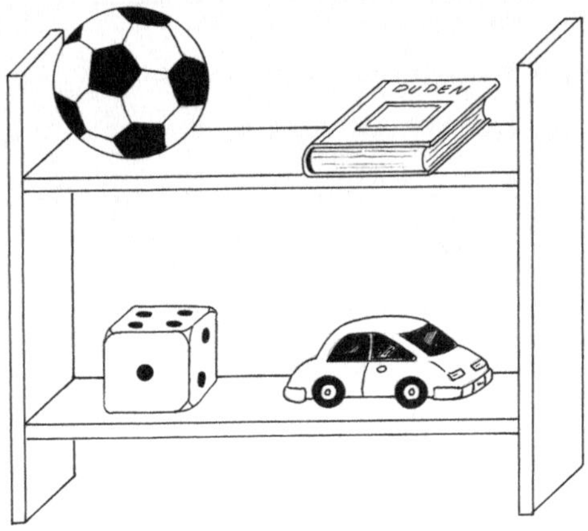

oben links: 

oben rechts: 

unten links: 

unten rechts: 

7

2

14 – 3 = ____ 11 – 5 = ____ 14 – 12 = ____

18 – 4 = ____ 14 – 7 = ____ 18 – 13 = ____

6

3

12 7 3 5

____ + ____ = 8
____ + ____ = 10
____ + ____ = 12
____ + ____ = 15
____ + ____ = 17
____ + ____ = 19

6 13 7 4

____ + ____ = 10
____ + ____ = 11
____ + ____ = 13
____ + ____ = 17
____ + ____ = 19
____ + ____ = 20

12

4 Mia hat fünf blaue Murmeln und drei schwarze Murmeln.

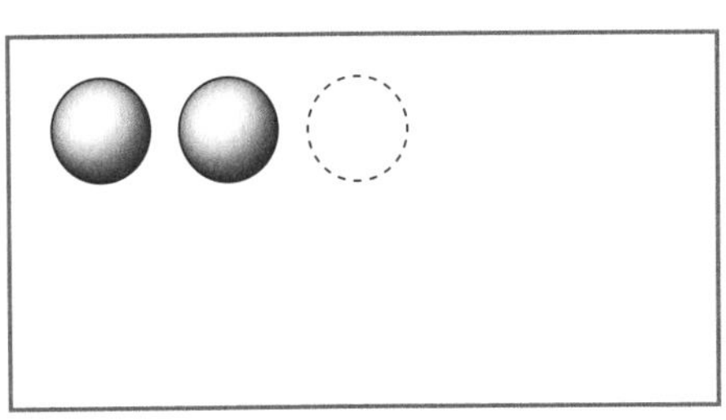

F Wie viele Murmeln hat Mia?

L ________________________

A ____ Murmeln hat Mia.

4

5 Tom hat sieben blaue Murmeln. Er verschenkt vier Murmeln.

F Wie viele Murmeln hat Tom noch?

L ________________________

A ____ Murmeln hat Tom noch.

4

1 Setze fort.

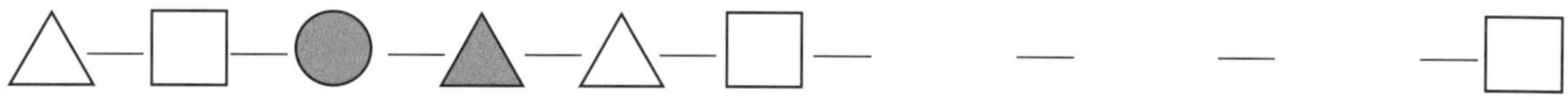

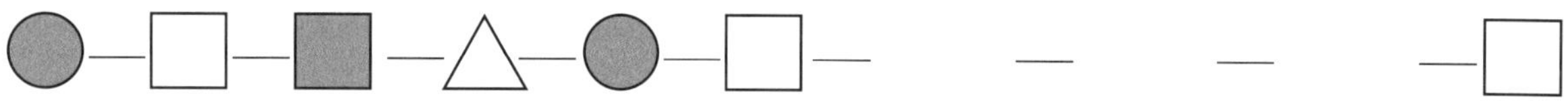

6

2

6

3

14 – 14 =
15 – 14 =

17 – 13 =
18 – 13 =

16 – 15 =
17 – 15 =

12

4 Setze ein: (<), (>), (=).

12 – 5 ◯ 15 – 8

6 + 8 ◯ 7 + 6

20 – 7 ◯ 7 + 7

19 – 12 ◯ 15 – 8

4

© Bildungshaus Schulbuchverlage

1 Setze fort.

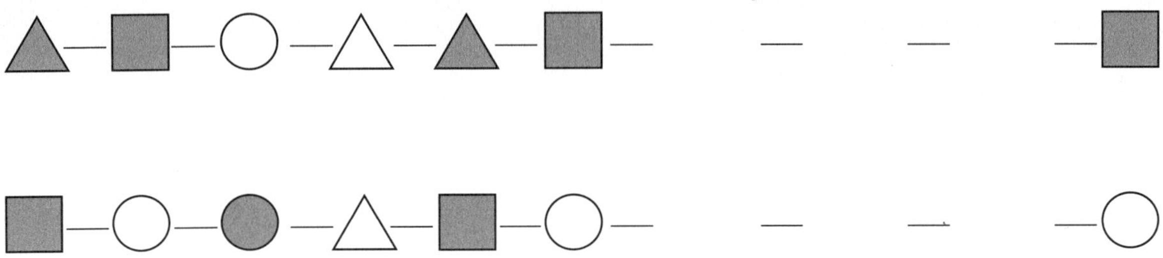

6

2

6

3

15 − 15 =
16 − 15 =

17 − 14 =
18 − 14 =

16 − 12 =
17 − 12 =

12

4 Setze ein: <, >, =.

14 − 5 ◯ 16 − 8

5 + 8 ◯ 7 + 6

20 − 6 ◯ 7 + 7

19 − 12 ◯ 15 − 6

4

1

			19	21	
		10			
	6				
3		3	3	3	
2	3				

12

2

7
12

___ + ___ = 13
___ + ___ = 16
___ + ___ = 17
___ + ___ = 18
___ + ___ = 19
___ + ___ = 22

6
11

___ + ___ = 11
___ + ___ = 14
___ + ___ = 15
___ + ___ = 16
___ + ___ = 17
___ + ___ = 20

16

3 Setze ein: (+) oder (−).

10 ◯ 4 = 4 ◯ 2

9 ◯ 5 = 20 ◯ 6

9 ◯ 4 = 10 ◯ 5

9 ◯ 9 = 3 ◯ 3

4

4 Setze fort.

20, 15, 17, 12, ___, ___, ___, ___

19, 15, 18, 14, ___, ___, ___, ___

8

© Bildungshaus Schulbuchverlage

			22	24	
		12			
	7				
4		4	4	4	
2	3				

12

2

8
13

____ + ____ = 15
____ + ____ = 17
____ + ____ = 18
____ + ____ = 20
____ + ____ = 21
____ + ____ = 23

6
11

____ + ____ = 13
____ + ____ = 14
____ + ____ = 15
____ + ____ = 17
____ + ____ = 18
____ + ____ = 19

16

3 Setze ein: (+) oder (−).

9 ◯ 6 = 20 ◯ 5
____

10 ◯ 3 = 4 ◯ 3
____

8 ◯ 8 = 3 ◯ 3
____

9 ◯ 4 = 10 ◯ 3
____

4

4 Setze fort.

20, 16, 18, 14, ____, ____, ____, ____

18, 13, 16, 11, ____, ____, ____, ____

8

Faxnummer: (0531) 708 347

Ihre Meinung ist uns wichtig!

Liebe WELT DER ZAHL – Nutzer,

unser Ziel ist es, die WELT DER ZAHL ständig weiter zu verbessern und an Ihre Wünsche und Bedürfnisse anzupassen. Helfen Sie uns dabei und schreiben Sie uns Ihre Meinung und Anregungen. Nutzen Sie einfach diesen Feedback-Bogen und schicken Sie ihn ausgefüllt per Fax an uns.

Drei Dinge, die mir an WELT DER ZAHL gefallen:

____

____

____

____

____

____

Drei Dinge, die man an WELT DER ZAHL verbessern sollte:

____

____

____

____

____

____

Das wünsche ich mir von WELT DER ZAHL:

____

____

____

____

____

____

Vielen Dank für Ihre Hilfe!

Ihr WELT DER ZAHL – Team

© Bildungshaus Schulbuchverlage